康养旅游消费决策过程

——一个基于扎根理论的探索性研究

杨开华　石维富　著

西南交通大学出版社
·成都·

图书在版编目（CIP）数据

康养旅游消费决策过程：一个基于扎根理论的探索性研究 / 杨开华，石维富著. —成都：西南交通大学出版社，2021.10
 ISBN 978-7-5643-8286-5

Ⅰ. ①康… Ⅱ. ①杨… ②石… Ⅲ. ①旅游保健 – 旅游服务 – 消费者行为论 – 研究 Ⅳ. ①F590.6

中国版本图书馆 CIP 数据核字（2021）第 206626 号

Kangyang Lüyou Xiaofei Juece Guocheng
——Yi Ge Jiyu Zhagen Lilun de Tansuoxing Yanjiu

康养旅游消费决策过程
——一个基于扎根理论的探索性研究

杨开华　石维富　著

责 任 编 辑	居碧娟
助 理 编 辑	张地木
封 面 设 计	阎冰洁
出 版 发 行	西南交通大学出版社 （四川省成都市金牛区二环路北一段 111 号 西南交通大学创新大厦 21 楼）
发行部电话	028-87600564　028-87600533
邮 政 编 码	610031
网　　　址	http://www.xnjdcbs.com
印　　　刷	四川煤田地质制图印刷厂
成 品 尺 寸	146 mm × 208 mm
印　　　张	7.875
字　　　数	169 千
版　　　次	2021 年 10 月第 1 版
印　　　次	2021 年 10 月第 1 次
书　　　号	ISBN 978-7-5643-8286-5
定　　　价	38.00 元

图书如有印装质量问题　本社负责退换
版权所有　盗版必究　举报电话：028-87600562

前言
PREFACE

康养旅游是在中国老龄化和亚健康问题越来越严峻的形势下,中国政府"健康中国2020"发展战略的产物。2016年,中共中央、国务院印发《健康中国"2030"规划纲要》,明确提出要"普及健康生活、优化健康服务、完善健康保障、建设健康环境、发展健康产业",为康养旅游产业的发展提出了进一步的要求。2017年,中国共产党十九大报告明确提出"实施健康中国战略""发展健康产业""推进医养结合,加快老龄事业和产业发展",有效促进了康养旅游产业的快速发展。2019年,为了将"健康中国战略"落到实处,努力实现群众不生病、少生病,提高生活质量,延长健康寿命的目的,健康中国行动推进委员会印发了《健康中国行动(2019—2030年)》,明确提出了"健康中国战略"的指导思想、总体目标,并对实现战略目标的基本路径进行细化、具体化,"健康中国战略"得以有效推进,健康产业发展提速升级,进一步推动了康养旅游产业的健康发展。短短十多年时间,在中国各级政府的大力推动和支持下,康养旅游成为中国现代旅游业发展中的新亮点,康养旅游研究成为中国学术界关注的新热点。但从已有研究结果来看,现有研究重实践轻理论,侧重对康养旅游目的地的研究,相关概念缺乏科学严谨的理论界定,对该领域深层的基础理论缺乏科学系的探索，特别是对康养旅游产业的主体——康养旅游消费者缺乏系统深入的研究，使得康养旅游理论研究滞后于产业实践需要，理论对产业发展的指导性严重不足，导致康养旅游产业出现空虚化和盲目化的趋势，影响了康养旅游产业的健康快速发展。

本书以哥伦比亚大学社会学家 Anselm Strauss 和 Barney Glaser 两位学者共同构建的扎根理论（Grounded Theory）这种探索性研究方法为基础，以康养旅游消费者的消费决策行为为研究对象，通过回顾康养旅游消费者、旅游消费决策过程、旅游消费动机、旅游消费信息、旅游消费决策、旅游消费决策后行为等相关研究成果，基于消费者购买决策理论和计划行为理论，深入探讨消费者的康养旅游消费决策的全过程。主要探讨五个关键理论问题：第一，影响消费者康养旅游消费动机的因素有哪些？第二，消费者获取康养旅游消费信息的渠道及其利用机制是什么？第三，影响消费者康养旅游消费决策的因素有哪些？第四，消费者康养旅游满意度及其重复消费意愿的影响因素有哪些？第五，消费者康养旅游消费决策的机制是什么？为了解决以上理论问题，本研究开展了以下五个主题的实证研究。

研究一，建构了康养旅游的内涵及消费动机理论。通过扎根理论捕捉康养旅游的内涵因素及消费动机的构成因素，经过连续比较分析，发现康养旅游的内涵包含良好的生活条件、良好的医疗卫生条件、良好的生态气候环境、和谐人文社会环境、精神愉悦和人性化服务六个维度；消费者康养旅游的动机包含幸福生活、修养身心、充实自己、玩得开心、享受自然和照顾家人六个维度。康养旅游的内涵和消费者的动机体现出与传统旅游项目及消费动机不一样的内涵特征，如良好的生活条件、医疗卫生条件、幸福生活、照顾家人等。

研究二，建构了康养旅游信息理论。通过扎根理论挖掘决策者获取康养旅游信息的渠道及其对信息的信任度，经过连续比较分析，发现决策者获取康养旅游信息的渠道主要有熟人渠道、网络媒体渠道、商业渠道三个主范畴，其中熟人渠道是康养旅游决策者获取康养旅游信息最主要的渠道，也是最信任的信息渠道。决策者对通过网络媒体以及商业渠道获取的康养信息持谨慎态度，要通过信息验证真伪后才会利用，这与传统旅游项目信息获取与信任有较大差别。

研究三，建构了康养旅游消费决策影响因素理论。通过扎根理论捕捉影响消费者康养旅游消费决策的因素，通过连续比较分析，发现影响消费者康养旅游消费决策的因素包括激励因素与抑制因素两大类。激励因素包括生态生活环境优良、生活保障条件充分和心理预期满足三个主范畴。抑制因素包括生态生活环境不优越、生活保障条件不满足、安全保障不到位三个主范畴。激励因素与抑制因素相互影响，相互作用，共同推动决策者做出康养旅游消费决策。本研究发现也与传统旅游项目消费决策影响因素差异较大。

研究四，建构了消费者康养旅游消费后行为理论。通过扎根理论挖掘康养旅游消费者的满意度及重复消费意愿，通过连续比较分析，发现影响消费者康养旅游消费满意度及其重复消费意愿的因素有客观环境条件优越度和主观感知度两个主范畴。客观环境条件优越度包括生态环境、空气、光照、气候、水质、人文环境六个范畴，主观感知度是影响康养旅游消费决策满意度及其重复消费意愿的心理因素。客观环境条件通过主观感知，影响消费者对康养旅游的满意度及其重复消费意愿。这是本研究的又一个重大发现。

研究五，建构了康养旅游消费决策机制理论。通过扎根理论发掘消费者康养旅游消费决策的模式，通过连续比较分析，发现康养旅游消费决策的模式包括单一决策和复合决策两个范畴。康养旅游消费决策的主体包括消费者本人、家人和朋友。康养旅游消费决策实质上是一个综合评价过程。决策者在消费动机的指引下，通过收集处理社会、文化等各方面的信息，对激励因素与抑制因素进行综合评价，如果满足决策者的心理预期，则做出消费决策，如果不符合决策者的心理预期，决策者将会选择其他康养旅游消费项目或者放弃康养旅游。

本研究虽然采用了科学的研究方法、严谨的研究设计，建构了康养旅游消费决策过程理论，弥补了该领域理论研究的不足，取得了一定的理论进展，但由于康养旅游产业本身为新兴产业，康养旅游研究为新兴研究领域，正处在理论探索与建构阶段，本研究还存在样本收集不够全面、研究结果的信度和效度有限、研究结果还有待进一步采取多种科学方法进行验证等缺陷。本研究的目的是抛砖引玉，希望更多同仁来共同关注康养旅游理论研究，共同推进我国康养旅游产业的发展，为"健康中国战略"的发展贡献自己的力量，为我国的健康事业发展做出应有贡献，共同推进我国生态文明建设。

杨开华
2021 年 7 月 28 日

目 录
CONTENTS

1 导 论

1.1 研究背景及问题的提出 ⋯⋯⋯⋯⋯⋯⋯⋯⋯⋯⋯2
1.2 研究目的与研究内容 ⋯⋯⋯⋯⋯⋯⋯⋯⋯⋯⋯⋯8
1.3 研究内容与本书框架 ⋯⋯⋯⋯⋯⋯⋯⋯⋯⋯⋯10
1.4 研究方法 ⋯⋯⋯⋯⋯⋯⋯⋯⋯⋯⋯⋯⋯⋯⋯⋯13
1.5 研究流程 ⋯⋯⋯⋯⋯⋯⋯⋯⋯⋯⋯⋯⋯⋯⋯⋯14
1.6 研究路线 ⋯⋯⋯⋯⋯⋯⋯⋯⋯⋯⋯⋯⋯⋯⋯⋯16

2 文献综述及主要问题的提出

2.1 概念界定 ⋯⋯⋯⋯⋯⋯⋯⋯⋯⋯⋯⋯⋯⋯⋯⋯18
2.2 相关研究 ⋯⋯⋯⋯⋯⋯⋯⋯⋯⋯⋯⋯⋯⋯⋯⋯23
2.3 理论基础 ⋯⋯⋯⋯⋯⋯⋯⋯⋯⋯⋯⋯⋯⋯⋯⋯44
2.4 文献评述 ⋯⋯⋯⋯⋯⋯⋯⋯⋯⋯⋯⋯⋯⋯⋯⋯51
2.5 研究问题 ⋯⋯⋯⋯⋯⋯⋯⋯⋯⋯⋯⋯⋯⋯⋯⋯53

3 研究方法与实施

3.1 研究方法的哲学基础 ⋯⋯⋯⋯⋯⋯⋯⋯⋯⋯⋯56

3.2 研究方法……57
3.3 数据收集方法……59
3.4 访谈对象及样本量……60
3.5 访谈程序……62
3.6 编码过程……64
3.7 数据的解释力度检验……66
3.8 学术道德……69

4 康养旅游内涵及消费动机编码分析

4.1 康养旅游内涵编码分析……72
4.2 康养旅游消费动机编码分析……88

5 康养旅游信息渠道和可信性编码分析

5.1 开放式编码……108
5.2 主轴编码……112
5.3 选择性编码……114
5.4 理论饱和度检验……116
5.5 模型阐释和研究发现……117

6 康养旅游消费决策影响因素编码分析

6.1 消费决策激励因素编码……124

6.2 消费决策抑制因素编码 ································ 138

7 康养旅游消费决策后行为编码分析

7.1 开放式编码 ·· 153
7.2 主轴编码 ·· 157
7.3 选择性编码 ·· 158
7.4 理论饱和度检验 ··································· 161
7.5 模型阐释和研究发现 ······························ 162

8 康养旅游消费决策机制编码分析

8.1 消费决策模式编码分析 ···························· 171
8.2 康养旅游消费决策机制分析 ······················· 184

9 研究结论与讨论

9.1 研究结论 ·· 198
9.2 理论贡献 ·· 201
9.3 管理实践启示 ····································· 205
9.4 研究局限与展望 ··································· 207
附录1 "康养旅游消费决策过程"访谈提纲 ············ 210
附录2 受访者资料一览表 ····························· 211
附录3 访谈资料整理节选（受访者k）·················· 213
参考文献 ·· 223

图片目录

图 1-1　本书框架图 …………………………………… 11
图 1-2　研究路线图 …………………………………… 16
图 2-1　冰雪体育旅游消费认知、消费动机与消费
　　　　行为的关系模型 ……………………………… 31
图 2-2　女性冰雪体育旅游消费认知、消费期望、
　　　　消费需求与消费动机关系概念模型 ………… 31
图 2-3　高校大学生旅游信息来源 …………………… 34
图 2-4　家庭旅游消费决策模型 ……………………… 39
图 2-5　科特勒行为选择模型 ………………………… 46
图 2-6　恩格尔模式 …………………………………… 47
图 2-7　霍华德—谢思模式 …………………………… 48
图 4-1　康养旅游内涵结构模型 ……………………… 81
图 4-2　康养旅游消费动机结构模型 ………………… 96
图 5-1　康养旅游信息获取和可信性结构模型 ……… 116
图 6-1　康养旅游消费决策激励因素结构模型 ……… 131
图 6-2　康养旅游消费决策抑制因素结构模型 ……… 145
图 7-1　康养旅游消费满意度及重复消费意愿
　　　　结构模型 ……………………………………… 161
图 8-1　康养旅游消费决策模式结构模型 …………… 179
图 8-2　康养旅游消费决策机制结构模型 …………… 185
图 8-3　康养旅游决策信息重要性层次结构模型 …… 192

表格目录

表号	标题	页码
表 3-1	受访者基本情况统计表	61
表 4-1	康养旅游内涵初始概念形成过程	73
表 4-2	康养旅游内涵开放式编码范畴化	75
表 4-3	康养旅游内涵主轴编码形成的主范畴	78
表 4-4	康养旅游内涵主范畴的典型关系结构	80
表 4-5	康养旅游消费动机初始概念形成过程	89
表 4-6	康养旅游消费动机开放式编码范畴化	91
表 4-7	康养旅游消费动机主轴编码形成的主范畴	93
表 4-8	康养旅游消费动机主范畴的典型关系结构	95
表 4-9	康养旅游消费动机结构层次	104
表 5-1	康养旅游信息渠道和可信性初始概念形成过程	109
表 5-2	康养旅游信息渠道和可信性开放式编码范畴化	112
表 5-3	康养旅游信息渠道和可信性主轴编码形成的主范畴	113
表 5-4	康养旅游信息渠道和可信性主范畴的典型结构关系	114
表 6-1	康养旅游消费决策激励因素初始概念形成过程	125

表 6-2　康养旅游消费决策激励因素开放式编码范畴化 …… 127

表 6-3　康养旅游消费决策激励因素主轴编码形成的主范畴 …… 129

表 6-4　康养旅游消费决策激励因素主范畴的典型结构关系 …… 130

表 6-5　康养旅游消费决策抑制因素初始概念形成过程 …… 138

表 6-6　康养旅游消费决策抑制因素开放式编码范畴化 …… 141

表 6-7　康养旅游消费决策抑制因素主轴编码形成的主范畴 …… 142

表 6-8　康养旅游消费决策抑制因素主范畴的典型结构关系 …… 144

表 7-1　康养旅游消费决策后行为初始概念形成过程 …… 153

表 7-2　康养旅游消费决策后行为开放式编码范畴化 …… 155

表 7-3　康养旅游消费决策后行为主轴编码形成的主范畴 …… 157

表 7-4　康养旅游消费决策后行为主范畴的典型结构关系 …… 159

表 8-1　康养旅游消费决策模式初始概念形成过程 …… 172

表 8-2　康养旅游消费决策模式开放式编码范畴化····174
表 8-3　康养旅游消费决策模式主轴编码形成的
　　　　主范畴··175
表 8-4　康养旅游消费决策模式主范畴的典型结构
　　　　关系··177

导 论

1.1 研究背景及问题的提出

1.1.1 康养旅游产生的必然性

康养旅游是我国经济社会发展的必然产物，也是我国新时代面临的一次机遇和挑战。近年来，随着中国经济的快速发展，中国公民的生活水平得到较大提高。据瑞士银行瑞信发布的《全球财富报告》数据显示，2015 年，中国中产阶级人数达 1.09 亿人，超过美国，居全球第一位。[1]据经济学人智库（Economist Intelligence Unit）最新发布的报告显示，作为世界第二大经济体，中国将在 2030 年前迈入中等收入国家的行列，3/4 的中国人将成为中产。[2]经济社会的发展带来消费的升级和消费观念的转变，人们对物质生活的追求已经逐步转向对高品质生活的追求。中国共产党十九大报告指出，中国社会主要矛盾为人民日益增长的美好生活需要和不平衡不充分的发展之间的矛盾。此外，还提出要实施健康中国战略、完善国民健康政策、发展健康产业，为人民群众提供全方位全周期健康服务等。

与此同时，我国的老龄化形势和亚健康问题越来越严峻。根据国家统计局 2021 年 5 月 11 日发布的第七次全国人口普查数据显示，我国 60 岁及以上人口 26402 万人，占总人口比重的 18.7%，其中 65 岁及以上人口为 19064 万人，比重达到 13.5%。

---

[1] 资料来源：http://www.cankaoxiaoxi.com/finance/20151015/966326.shtml，2021-07-28。

[2] 资料来源：https://www.sohu.com/a/119027711_123753，2021-07-28。

目前，我国已经进入老龄化阶段，即将步入深度老龄化，预计2040年中国65岁及以上老年人口比例超过20%，进入超老龄化社会。[1]庞大的老年人群体，催生出庞大的产业集群。同时，随着城市化进程的加快，亚健康问题、慢性病问题已成为21世纪人类健康的头号大敌。据世界卫生组织（WHO）公布的一项预测性调查表明，全世界真正健康的人仅占5%，患有疾病的人占20%，而75%的人处于亚健康状态。[2]根据《2017中国健康报告》数据显示，截至2017年年末，中国的"亚健康"状态人群已超过7亿。[3]健康问题已成为中国人面临的最重要的社会问题。

在此背景下，幸福养生和健康养老，即康养，逐渐受到中国政府、社会和老百姓的关注。以健康为基本诉求，包含快乐、幸福等心理健康的康养旅游方式，成为健康产业改革发展的一种创新模式。康养旅游既是多种经济多元组合、相融共生的新业态，也是中国"十四五"期间国民健康发展目标的最佳结合点。为有效解决危害城乡居民健康的主要问题，全面维护和增进国民健康素质，实现社会经济和人民健康的协调发展，2012年，中国政府提出了"健康中国2020"健康发展战略，将"健康强国"作为一项基本国策摆在了国家发展中的显著位置，直接催生了康养旅游产业。2012年，我国四川省攀枝花市在前期大量实践探索的基础上，依托自身优越的阳光、气候等自然资

---

[1] 资料来源：https://www.chinairn.com/hyzx/20210511/145509465.shtml，2021-07-28。

[2] 资料来源：news.sohu.com/20080909/n259460521.shtml，2021-07-28。

[3] 资料来源：news.ifeng.com/a/20180205/55789469_0.shtml，2021-07-28。

源禀赋和独特的区位环境优势，瞄准国内外庞大的阳光、休闲、运动、养身、养老等新兴消费市场，创造性地提出创建"中国阳光康养旅游城市"，率先提出发展"康养旅游"产业，被视为康养旅游产业的开端。2014年，首届中国康养产业发展论坛在攀枝花市召开，2016年，第二届中国康养产业发展论坛在秦皇岛召开，标志着攀枝花与秦皇岛成为中国"一南一北"两个国家级康养产业发展试验区。为了规范康养旅游产业的行业行为，推动康养旅游产业健康发展，2016年1月，中国国家旅游局正式颁布旅游行业标准《国家康养旅游示范基地》（LB/T 051—2016），确定了首批5个"国家康养旅游示范基地"，正式将"康养旅游"确立为新的旅游方式，并纳入国家旅游发展战略。康养旅游在国家相关政策的大力支持下，成为中国现代旅游业发展中的亮点和新热点。

1.1.2　康养旅游产业的建设及研究不足

随着康养旅游在中国迅速发展，康养旅游研究热潮也在中国学术界兴起，但是到目前为止，康养旅游的研究成果并未以高频词汇形式出现在热点词聚类图谱中，康养旅游研究尚处于初期探索阶段（杨亚萍，黄静波，2019）。康养旅游的研究不足主要表现在两方面。

从研究内容来看，目前国内外关于康养旅游的研究大有重实践轻理论的倾向，专家学者侧重关注康养旅游目的地的发展，而对基础理论的研究程度偏低。研究主要集中在概念界定、发展模式、资源开发、产品开发、基地建设及产业发展等方面。

国外相关研究起步比较早，但关注的是健康旅游，与中国的康养旅游有所差别，研究注重实践性和实用性；国内学者则注重对康养旅游发展模式进行探索，研究较多的为森林康养和医药康养以及个案研究，侧重于旅游资源的开发和目的地研究，对康养旅游消费决策行为缺乏研究，关于消费者康养旅游的动机、康养旅游信息获取等方面问题研究较少。特别是对康养旅游消费者为什么会选择康养旅游，即康养旅游消费行为的深层次心理归因，以及这些心理归因对行为的作用机制如何；如何促进和引导消费者的康养旅游消费行为模式，即如何制定行之有效的康养旅游产业发展政策、引导康养旅游产业的健康发展，以及这些康养旅游产业政策如何预测消费者的康养旅游消费行为等内容缺乏研究，使得关于康养旅游目的地建设和开发潜力评价的研究具有一定的局限性。

从研究方法来看，虽然现有研究中定性分析和定量分析均有采用，但是，定性研究主要是采取实地调研、案例分析、文献分析等方法，以描述性研究为主，信度效度都比较低，适用性较差；量化研究主要采用 GIS 技术和空间分析技术等形式，数量统计技术、空间计量技术等科学方法运用较少，仅有个别学者尝试建构康养旅游资源评价体系。采用综合比较分析的研究较少，尤其是缺少以消费者为视角，通过深度访谈收集数据，通过连续系统的比较归纳，分析消费者康养旅游消费行为特征及其消费决策机制模型的研究。基础理论研究的不足，尤其是对相关概念缺乏科学严谨的研究成果，缺乏对该领域更深层的基础理论探讨，使得康养旅游理论研究滞后于实践需要，理论对产业发展的指导性严重不足，导致企业对康养旅游产业的投资出现盲目化和混乱现象。

1.1.3 相关问题的提出

满足消费者的需求是产业发展的前提。发展康养旅游产业，是以满足康养旅游消费者为主要特征，也就是要以当前康养旅游消费者的需求为核心，为康养旅游消费者提供康养配套服务，不断满足消费者在康养旅游过程中表现出来的强身健体、延年益寿、娱乐身心、陶冶情操等需求。康养旅游消费者的主要需求或康养旅游目的地打造的核心内容是什么？有学者认为关键是生态环境和文化底蕴，有学者认为是交通等基础设施条件，还有学者强调自然景观或人文景观。很明显，这些研究和观点都是基于研究者或者建设者的主位思维，是从研究者或者建设者的角度出发进行的思考，忽略了康养旅游的核心主体即康养旅游消费者。研究和实践都表明，康养旅游与其他旅游形式具有明显的区别，康养旅游者与其他旅游者的需求有明显差异。那什么是康养旅游？康养旅游的内涵包括哪些？影响消费者康养旅游消费动机的因素有哪些？消费者通过什么途径获取康养旅游信息，又是怎样利用康养旅游信息做出康养旅游消费决策的？想要对这些问题精准、科学作答，就必须从康养旅游消费者的角度出发思考研究问题。

首先，必须要科学分析康养旅游消费者所需要的康养旅游产品，即康养旅游的内涵是什么？消费者是怎样选择康养旅游产品的？将康养旅游产品具体化，不能将康养旅游服务项目停留在抽象化层面。要对康养旅游消费群体进行客观分析，深刻剖析康养旅游消费者选择康养旅游项目的动机，以及影响其消费动机的复杂因素。将康养旅游消费者所需要的康养旅游服务具体化、明晰化、体系化，并且明确消费者康养旅游消费的决策机制，落实精准的市场和消费者定位，才能够为消费者提供更为合适的康养旅游产品，有效指导康养旅游企业精准定位，科学规划企业的未来发展。

要达到上述目的，必须要以康养旅游消费者为核心，充分利用现代数字化技术或科学的质性研究方法，努力探索多元化集成路径，探索现代数字技术与质性研究方法的深度融合，实现研究方法科学化，加强对康养旅游产业的基础理论研究，推动康养旅游理论研究的重大突破。基于此，本研究旨在探索影响或预测消费者实施康养旅游消费决策的主要外部社会环境和内部心理因素，以及这些因素对康养旅游消费决策的作用机制，并在此基础上进一步探讨促进消费者持续进行康养旅游消费的外部发展规划，以及这些干预政策对消费者行为的干预路径，弥补康养旅游领域理论研究的不足，最终为相关部门制定行之有效的康养产业发展政策、为行业制定相应的产业发展规划、为企业加强康养旅游目的地建设、引导康养旅游产业健康发展提供科学的理论依据和政策借鉴，推动康养旅游产业的健康发展。

1.2 研究目的与研究内容

1.2.1 研究目的

本研究拟采用文献分析法、非结构访谈法、扎根理论研究方法，从现有相关文献分析入手，在现有关于消费者旅游消费动机、信息收集、消费决策的形成路径及其影响因素研究成果基础上，通过对康养旅游消费者进行深度访谈，搜集关于消费者康养旅游消费动机、影响消费决策的路径、因素，通过对收集数据进行连续性对比分析，并以消费决策理论的思维逻辑为基础，从访谈数据特别是与康养旅游消费者的原始谈话中，归纳提炼出关于康养旅游消费决策理论，建构康养旅游消费决策机制模型。

1.2.2 研究意义

（1）理论意义。

本书的研究将有助于进一步完善康养旅游目的地形象的内涵特征和消费者心理归因的相关理论。康养旅游是中国在学习借鉴国外健康旅游产业的基础上，创新发展而来的一项新兴产业。2012年，中国四川省攀枝花市在传统农家乐产业的基础上，借鉴发达国家健康旅游建设的实践经验，结合本区域的环境区位优势，率先开启了中国康养旅游产业建设的序幕；2016年，中国国家旅游局发布了旅游行业标准《国家康养旅游示范基地》（LB/T 051—2016），正式将"康养旅游"确立为新的旅游方式，并纳入国家旅游发展战略，推动了中国康养旅游产业的大力发展，中国的旅游业由观光游览为主的普通型旅游转向以精细化、专业化为主的健康养生旅游。在中国各级政府的大力推动下，各地康养旅游产业蓬勃发展，但各类问题也迅速暴露出来。特别是缺乏系统成熟的科学理论指导，许多地方的康养旅游产业出现空虚化和盲目化，甚至出现了许多打着康养产业的旗号，大肆圈地搞房地产开发，破坏生态环境的案例。虽然学界对康养产业已经有一定的研究，但是研究成果主要集中在概念界定、发展模式、资源开发、产品开发、基地建设及产业发展等方面，康养旅游理论研究刚刚开始起步，许多康养旅游目的地形象理论还处在不断地变化和完善的过程中，康养旅游消费选择的心理归因及其决策机制等方面还缺乏研究。

本书重点研究康养旅游消费动机的构成、消费决策的影响因素、消费决策模式，以及康养旅游消费决策的形成机制，通过改善康养旅游目的地形象和对消费者进行合理营销来带动康养旅游产业的发展。在研究中，通过非结构性访谈、连续对比分析来自消费者的原始数据，提炼影响消费者康养旅游的消费动因、消费决策影响因素、消费决策模式及其消费决策机制的模型，对康养旅游消费者的研究提供新的研究方法和研究视野，弥补了康养旅游研究的不足，有利于推动康养旅游研究的专业化和科学化发展。

（2）实践意义。

从消费者的角度出发探讨康养旅游者的消费动因、消费影响因素、决策模式及其消费决策的形成机制，能够科学把握康养旅游目的地形象的内核和影响消费者消费决策的因素及其路径机制，为完善康养旅游目的地形象，强化对康养旅游消费者的科学引导提供实践指导，有利于政策制定者制定更加科学可行的康养旅游产业发展政策，也有利于康养旅游产业管理者清楚认识并正确理解康养旅游目的地形象的影响因素，把握影响消费者康养旅游消费决策的因素及其决策形成路径，强化康养旅游目的地的形象建设，提高康养旅游宣传推介的科学性和有效性，提高康养旅游企业的创新和绩效水平，避免其可能带来的负面影响，从而提升康养旅游企业的整体竞争力，推动康养旅游产业的健康发展。

1.3 研究内容与本书框架

1.3.1 研究内容

为了探索消费者康养旅游消费的动机、影响消费者康养旅游消费决策的因素及消费决策的形成机制，本书以消费者购买决策理论的思维逻辑为基础，将研究分为：动机激发、信息获取与处理、综合评价和消费决策四个环节。在此基础上确定了康养旅游的内涵、消费动机、旅游信息、消费决策影响因素、消费决策后行为和消费决策机制这六个研究点，先根据文献回顾明确旅游消费者消费动机、消费决策路径的形成机制，同时对康养旅游进行概念界定，然后在半结构访谈数据的基础上，通过编码确定消费者心中康养旅游的内涵，消费者康养旅游动机的构成，消费者康养旅游信息的获取方式，影响消费者康养旅游消费决策的因素,最后通过阐述不同情境下消费者对康养旅游消费信息的处理,对康养旅游产品的评价,对康养旅游目的地的选择,影响消费者满意度及重复消费意愿的因素,建构康养旅游消费决策机制理论模型。

1.3.2 本书框架

本研究共分为九个部分,框架如图1-1所示,研究内容如下:

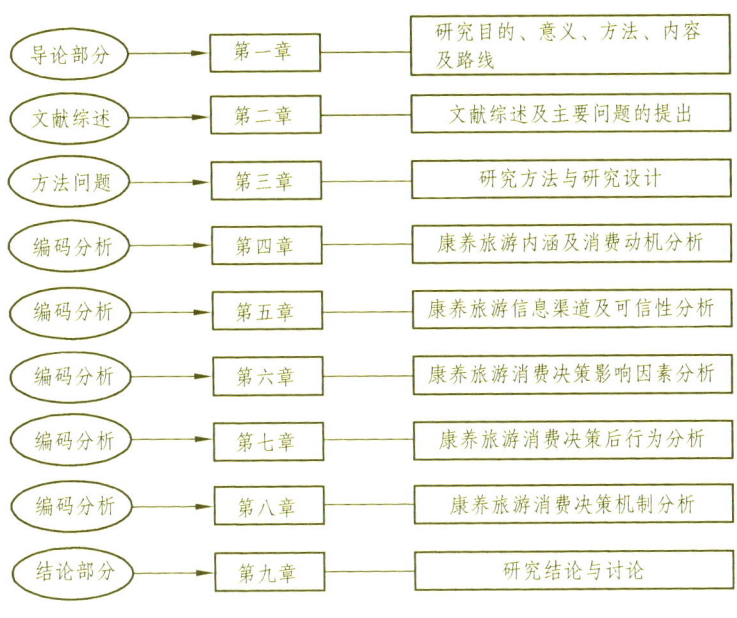

图1-1 本书框架图

第一章,导论。主要介绍研究的背景及问题的提出,研究目的、研究意义、研究方法、研究内容及研究线路安排。

第二章,文献综述及主要问题的提出。本章主要说明如下问题：界定康养、康养旅游的概念，旅游消费动机、旅游消费信息、旅游消费决策、消费决策后行为以及康养旅游者的研究现状，介绍现有研究涉及的理论基础，并在此基础上提出了本书的主要研究问题。

第三章，研究方法与研究设计。本章首先讨论了现有研究方法的哲学基础，在此基础上提出了本书对研究方法的选择，然后对数据的收集与分析进行研究设计，最后讨论了信度、效度及学术道德等问题。

第四章，康养旅游的内涵及消费者消费动机编码分析。本章主要是对康养旅游以及消费者康养旅游消费的动机进行编码分析。本书采用语义分析的方法，通过对访谈产生的原始数据进行逐字逐句编码解读，对编码产生的概念和范畴进行连续比较分析，逐渐呈现康养旅游的内涵因素及消费者康养旅游消费动机的构成要素。

第五章，消费者康养旅游信息渠道和可信性编码分析。本章主要是对消费者信息获取渠道及其可信性进行理论提炼。通过对深度访谈获取的原始数据进行逐字逐句编码解读，并对编码产生的概念和范畴进行连续比较分析，逐步建构出决策者康养旅游消费信息的获取渠道及可信性理论模型。

第六章，消费者康养旅游决策影响因素编码分析。本章主要是对康养旅游消费决策的激励因素、抑制因素进行理论提炼。主要是通过对深度访谈获取的原始数据进行逐字逐句编码解读，并对编码产生的概念和范畴进行连续比较分析，建构消费者康养旅游消费决策激励因素、抑制因素的理论模型。

第七章，康养旅游消费决策后行为编码分析。本章主要是对康养旅游消费者消费满意度及影响其重复消费行为的因素进行理论提炼。通过对深度访谈获取的原始数据进行逐字逐句编码解读，在此基础上对编码产生的概念和范畴进行连续比较分析，建构康养旅游消费满意度及影响其重复消费行为的因素理论模型。

第八章，康养旅游消费决策机制编码分析。本章主要是对消费决策的主体和决策模式进行理论提炼。主要是通过对深度访谈获取的原始数据进行逐字逐句编码解读，并对编码产生的概念和范畴进行连续比较分析，建构康养旅游消费决策模式理论模型，并在综合分析比较此前建构理论的基础上，建构消费者康养旅游消费决策机制理论模型。

第九章，结论、贡献、启示和展望。本章系统归纳了本研究获得的具体结论，研究取得的理论贡献，建构理论对管理实践的启示，本研究的不足和对未来研究的展望。

1.4 研究方法

1.4.1 文献分析法

本研究首先通过文献回顾，系统梳理了现有文献中关于消费者旅游动机、旅游消费信息、旅游消费决策、旅游消费决策后行为的影响因素等内容，并通过对比分析研究，一定程度上采纳文献中关于消费者旅游动机、消费信息、消费决策及消费决策后行为的理论观点，并以此作为研究消费者康养旅游消费决策的借鉴因素。

1.4.2 半结构访谈法

为了解康养旅游相对复杂的消费动因、消费决策的影响因素及其形成路径，本书将采取面对面交流方式，或利用电话和网络等工具，通过半结构访谈法对受访者进行深度访谈，挖掘隐藏在消费者内心深处的真实心理表现，以及其形成消费决策的复杂心理过程表现。

1.4.3 扎根理论方法

扎根理论方法是进行探索性研究最有效的科学方法。由于康养旅游是新兴的研究领域，对康养旅游消费决策行为的研究还几乎是一片空白，目前还没有成熟的变量范畴、测量量表和理论假设，采用量化方法很难准确把握康养旅游的内涵及影响消费者决策的因素及决策机制，本书将借助扎根理论研究方法的编码方法，通过编码和连续比较分析，系统分析相关数据，深入研究相关例证，根据数据来源的情景，反复研究数据的真实意义，并对其进行分类、概括和阐释，在此基础上提炼出相关的理论概念和研究范畴。整个分析过程包括开放式编码（Open coding）、主轴编码（Axial coding）和选择性编码（Selective coding）三个过程。

1.5 研究流程

根据质性研究的内在逻辑规律，本书将研究分为准备、启动、数据收集与处理、理论建构四个阶段进行。

一是研究准备阶段。该阶段主要是通过理论学习、工作实践和日常理论研究，发现自己的研究兴趣，初步确定研究兴趣点，并进行初步的调研和资料收集分析。

二是研究启动阶段。该阶段主要通过文献研读，发现现有文献中已经存在的关于康养旅游的内涵、消费者消费动机的构成因素、消费信息的收集、影响消费决策因素及消费决策机制、旅游者消费决策后的行为机制。通过文献研究发现，现有关于消费者旅游消费决策的研究已经比较成熟，但是关于消费者康养旅游消费决策的研究缺失，在此基础上确定本研究的研究方向。

三是数据收集处理阶段。在系统的文献分析，对消费者消费决策过程有一定认识的基础上，通过半结构访谈法对受访者进行深度访谈，获取关于消费者消费决策过程的原始数据，进一步深化对影响消费者消费决策过程的认识。每一次访谈后，立即对原始访谈数据进行整理，并进一步对文献进行回顾，以便发现更新和更深层次的访谈内容。为了最大程度熟悉原始数据，并在编码过程中更好地理解这些原始数据的背景及其隐含意义，研究人员采取手动编码的方式进行数据处理。为了提高数据分析的信度，编码采取逐字逐句编码的方式，尽量使用原始数据（受访谈人原汁原味的语言），提炼出相关的概念和范畴。

四是理论建构阶段。本阶段将采用扎根理论的核心方法——连续比较法。按照"数据编码—资料对比—数据编码"的循环分析过程，不断地对数据编码和相关理论进行对比分析，提炼出本研究的命题，建构消费者康养旅游消费决策过程理论。

1.6 研究路线

为了保证研究的顺利进行，根据上述研究流程设计，笔者在研究开始前制定了简洁明了的研究线路（如图 1-2），以便研究有序地进行。

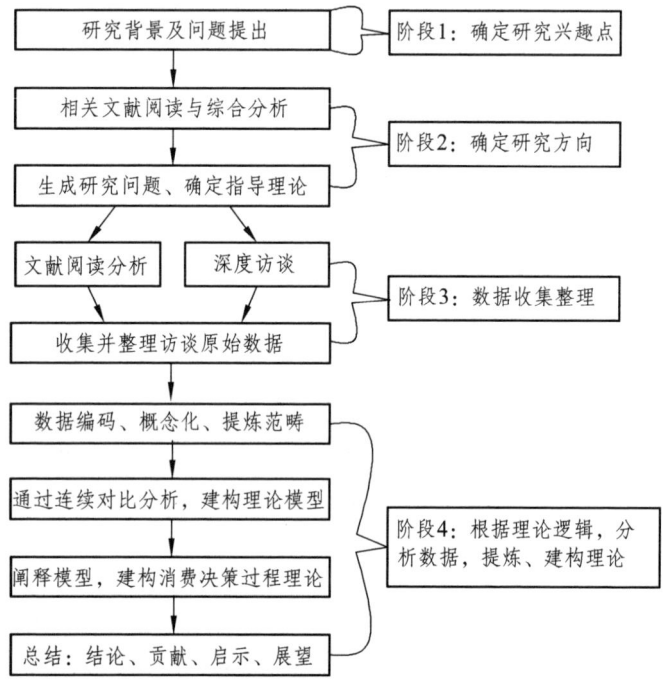

图 1-2 研究路线图

文献综述及主要问题的提出

2.1 概念界定

2.1.1 康 养

什么是康养？根据《新华字典》(第11版),"康"主要是指健康和安宁。健康是指没有疾病,康健、康泰和康复;安宁是指康乐、康平、康宁。"养"的意思主要有抚养、培养和使身心得到滋补和休息。使身心得到滋补和休息主要指养病、养心、养性、休养、营养、养精蓄锐。因此,从字面上理解,"康"是目的,"养"是手段、是达到"康"的方法和过程。从理论研究的角度来看,康养的目的就是使人放松身心,追寻快乐,增进幸福感(任宣羽,2016)。那什么是幸福?古希腊哲学家伊壁鸠鲁认为"幸福就是肉体无痛苦,灵魂无纷扰(Happiness is the flesh no pain, no disturbance in soul)"(Warren,2002)。康养的主要功能可以总结为:养身(身体)、养心(心理)、养性(性情)、养智(智慧)、养德(品德)的"五养"功效(向前,2015)。因此,康养就是使人达到身心愉悦、健康幸福的过程。从实践运用的角度,根据中国政府制定的《国家康养旅游示范基地》标准(LB/T 051—2016),康养旅游是指通过养颜健体、营养膳食、修心养性、关爱环境等各种手段,使人在身体、心智和精神上都达到自然和谐的优良状态的各种旅游活动的总和。因此,康养的本质应该是借助一定的自然环境和人文社会环境,通过参与、分享等手段,达到恢复或促进人体身心健康的目的。

综合上述国内外理论研究结论与我国的实践总结,笔者认为，康养就是通过一定的人文、自然媒介，维持、保持或修复、恢复人体身心健康的活动和过程的总称。

2.1.2 康养旅游

康养旅游是中国学者首先提出来的概念。中国国内较早涉及康养旅游研究的是"康养"一词的提及。2004年，刘丽勤在其文章中提到"康养养生"，但并没有对"康养"概念做出详细的阐释。随后，王赵（2009）对康养旅游进行了丰富解读，并关注到生态环境、人文环境对强身健体、修身养性的影响。该研究者认为康养旅游即健康旅游、养生旅游，是一种建立在自然生态环境、人文环境、文化环境基础上，结合观赏、休闲、康体、游乐等形式，以达到延年益寿、强身健体、修身养性、医疗、复健等目的的旅游活动。任宣羽（2016）在解析康养旅游内涵后得出结论，认为"康养旅游是以良好的物候条件为基础，以旅游的形式促进游客身心健康，增强游客快乐，达到幸福为目的的专项度假旅游"。2016年1月，中国国家旅游局颁布旅游行业标准《国家康养旅游示范基地》（LB/T 051—2016），正式将康养旅游（health and wellness tourism）界定为"通过养颜健体、营养膳食、修心养性、关爱环境等各种手段，使人在身体、心智和精神上都达到自然和谐的优良状态的各种旅游活动的总和。"[①] 尹萍（2019）认为，"康养旅游是一种新型的旅游方式，从广义上可以理解为在传统旅游方式和内容基础上，将

---

① 具体内容见中国国家旅游局网站：http://www.cnta.gov.cn/zwgk/tzggnew/201601/t20160107_756636.shtml，2020-05-05。

休闲、康体、娱乐等形式进行融合，使消费者在旅游活动中享受到强身健体、修身养性、医疗、美容等服务"。

上述分析可知，尽管目前学者们对康养旅游的定义没有完全统一，但是对康养旅游的目的、手段和想要达到的结果的认识基本一致，即"康养"与"旅游"是目的和手段的逻辑关系。"康养"即身心健康是"旅游"追求的目标，"旅游"是为了达到这种目的而采用的手段。在旅游过程中实现康养、获得健康是康养旅游的内在要求和根本追寻，旅游的过程可以满足游客对健康的追求。从宏观角度看，一切以健康为目的的旅游都是康养旅游；从微观角度看，健康是通过旅游要到达的目标，康养旅游是以健康、快乐为导向的一种旅游形式。与传统旅游项目相比，康养旅游已经发生了质的变化，是一项完全有别于传统旅游项目的崭新旅游形式，是一种新的健康生活方式。

基于以上研究，笔者认为，康养旅游是消费者以健康养生、延年益寿为目的，以健康养生理念为指导，以优越的人文、自然环境为依托，较长时间生活于康养旅游目的地的一种高品质的健康旅居生活方式。

2.1.3 康养旅游与健康旅游辨析

在中国学界，大部分学者把中国的康养旅游等同于发达国家和地区的健康旅游，认为康养旅游就是健康旅游。笔者认为，从康养旅游与健康旅游的产生渊源以及二者的内涵、外延对比分析，康养旅游有别于健康旅游。

一些国家和地区的健康旅游起源于欧洲的温泉疗养。Li et

al.（2011）认为，15世纪，欧洲的比利时Spau小镇就兴起了温泉疗养，19世纪40年代，德国在Bad Wörishofen镇建立了世界上第一个森林浴基地，并对参与森林浴的人进行有针对性的研究。研究结论表明：森林环境能调节人的中枢神经，降低血压及脉搏率，减轻心血管负担。Mao et al.（2012）研究发现，森林浴在一定程度上还能够改善老年人的高血压症状。很快，森林浴在日本、韩国、美国等国家和地区得到了很好的传播和发展。亚洲地区，1982年，日本林野厅首次提出将森林浴纳入健康生活方式；2006年，日本学者正式提出森林疗法的概念。韩国和中国台湾地区分别以森林休养、森林调养的概念进行发展（吴后建，但新球等，2018）。20世纪末期，美国各地在森林康养的基础上兴起了养生旅游，加入医疗护理内容，更加注重游客心理和情感方面的需求，健康旅游进一步发展（鲍兰平，谢岚琳，2019）。进入21世纪后，森林浴和森林疗养在全球得到了快速发展，并不断向森林康养层面演进。Konu（2015a）提出了利用虚拟产品开发森林康养产品，并提出了基于人种志方法与游客共同开发森林康养产品；Komppula等不但介绍了芬兰的森林康养旅游，而且还开展了基于满足日本游客需要的芬兰森林康养旅游服务设计（陈才，刘艳华，2011）。从健康旅游的建设初衷和发展脉络来看，健康旅游的目的是恢复旅游者的身心健康，游客主要是身心健康有问题的人。

中国的康养旅游主要起源于国内早期的农家乐实践。20世纪末，随着中国改革开放的深入和经济建设的不断发展，中国城市居民生活水平越来越高，同时，人们的工作压力和生活压力也越来越大，亚健康人群不断扩大。为了缓解工作压力、调整亚健康的身心状态、提高生活质量，城市居民利用周末时间逐渐涌向郊外农村，放松身心、回归自然，推动了城市郊区农家乐产业的发展。随着休闲群体的增多，部分农家乐逐渐发展壮大成为可供游客长期居住的康养中心，部分经济条件好的退休老年人开始长时间（三个月以上）居住于康养中心，安享晚年。部分老年人为了躲避酷暑和严冬，逐步走向更加遥远的冬暖夏凉的宜居地，成了"候鸟老人"，这些"候鸟老人"即是中国早期的康养旅游者。在国内外理论研究与实践开发的基础上，2012年，中国四川省攀枝花市率先提出发展"康养旅游"，被视为中国康养旅游的开端。2014年，首届中国康养产业发展论坛达成共识：攀枝花市和秦皇岛市将争创"一南一北"两个国家级康养产业发展试验区，"康养"概念受到旅游学术界的关注与热议，旅游市场上康养旅游产品也逐渐增多。2016年1月，中国国家旅游局正式颁布了旅游行业标准《国家康养旅游示范基地》（LB/T 051—2016），将康养旅游定义为通过养颜健体、营养膳食、修心养性、关爱环境等各种手段，使人在身体、心智和精神上都达到自然和谐的优良状态的各种旅游活动的总和。并确定了首批5个"国家康养旅游示范基地"。这一标准的颁布，标志着康养旅游得到中国社会和市场的广泛认同，康养旅游被中国政府正式确立为新的旅游方式，并纳入中国旅游发展的总体战略，从此，康养旅游进入了规范化发展的道路。

上述研究可知，中国的康养旅游（health and wellness tourism）和发达国家的健康旅游（health tourism）是有区别的。健康旅游的服务对象是身心健康有问题的人群，注重的是健康服务基础设施及健康服务项目的设置，通过旅游使人恢复身心健康。康养旅游属于健康旅游的范畴，但内涵和外延又有别于健康旅游。康养旅游是对发达国家健康旅游的借鉴和发展，是中国人结合自己的传统文化和现代经济社会发展现状，以及老百姓追求美好生活的实际需要，创造性地开发出来的一种新型健康生活方式。从康养旅游的服务对象来看，主要是离退休的老年人；从康养旅游的形式来讲，康养旅游更加注重与医药保健、运动康体、养心养颜和健康膳食等形式相结合；从康养旅游的目的来看，康养旅游其实是人追求"幸福"的一个环节，目的是使人获得幸福，即通过一定的媒介（旅居活动），使人达到强身健体、修身养性、医疗康复、延年益寿的目的。其中包括使患者疾病获得痊愈，使亚健康人卸下身体和心理的负担，还包括使部分身心健康的人获得更高品质的生活享受。

2.2 相关研究

2.2.1 康养旅游消费者研究

旅游消费者是康养旅游产业发展的主体，离开了旅游消费者，康养旅游产业将不复存在，因此，研究康养旅游离不开对康养旅游消费者的研究。目前关于康养旅游消费者的研究主要集中在三个方面。

一是消费者需求方面的研究，主要有：陈才、刘艳华等（2011）通过对康养旅游者的调查发现，康养旅游者对环境、设施、社会交际等方面需求较高，旅游者做康养消费决策时，对康养旅游资源品质、价格和服务品质等较为重视。何莽（2017）

通过访谈和问卷调查及探索性因子分析发现，康养旅游者最关注目的地的气温、空气、水和植被等自然条件，同时对康养氛围、熟悉感等人文条件和社会交际需求较强，最后才是医疗、休闲、娱乐、运动等设施需求。贺漫、杜新月、刘君妍、缑翰驰等（2018）以旅游特色小镇为例，研究旅游者的物性需求、人性需求和文化需求，认为康养旅游者的需求具有多样性、整体性、敏感性。陈素平、谭梅兰（2019）通过分析发现，旅游者主要关注的是目的地的旅游资源、基础设施、特色康养活动三个方面。

二是消费者行为特征的研究，主要有：高宏（2010）、张群（2013）等学者基于不同人口学特征研究旅游者行为特征，提出要通过提供针对性产品、拓展市场来发展康养旅游。程玉、王艳平等学者（2016）对旅游体验进行深入研究，探讨如何运用互联网思维进行意识体验设计和旅游产品开发。刘民坤、杨小杰、李威（2018）等基于"推—拉"理论研究相关因素对广西巴马康养旅游者行为的影响，认为不同因素对不同年龄层次、不同性别的影响程度不一样。

三是消费者旅游伴侣的研究，高丹（2018）以中国四川成都绵阳两地退休人员为研究对象，发现康养旅游者优先选择家人作为旅游同行人员，其次为朋友，然后才考虑加入旅行社组织的团队，独自出行的选择占比最低。

上述研究发现，目前关于康养旅游消费者的研究主要集中在其消费需求和行为特征两个方面，个别学者的研究涉及旅游伴侣。对于消费者康养旅游动机、信息收集、消费决策、决策后行为等都缺少研究。根据中国知网相关研究成果统计发现，截至 2020 年 2 月，关于康养旅游者的研究成果仅占康养旅游客体研究成果数量的 10%，而且缺乏全面、系统和深入的研究。可见，关于康养旅游者的研究还非常不充分，研究结论还有相互冲突、不一致之处，对产业的指导性不足，这也是目前中国康养市场虚化、无序化的重要原因。加强康养旅游消费者的研究迫在眉睫。王瑷琳（2017）研究发现，由于与传统旅游项目相比，康养旅游涵盖的要素更丰富，旅游者在旅游目的地停留的时间更长、旅游消费更高，康养旅游者更注重健康和心理感受，旅游体念也会更加细腻。又由于康养旅游消费群体覆盖范围广，康养旅游者消费需求更加多样，深入探讨不同类型康养旅游者的消费需求及其动机形成机制，提出更有针对性的市场营销策略是今后的康养旅游研究重点。而消费者的身心满意度是衡量康养旅游产业发展成效的重要指标，也是影响旅游者康养旅游消费最重要的因素。因此，今后应更加重视康养旅游者旅游体验满意度及体验信息反馈方面的研究。另外，康养旅游者的旅游体验还可能影响其今后的旅游消费以及其他人的消费意愿，因此，还应该深入研究旅游者消费决策后的行为表现。

2.2.2　旅游消费决策过程研究

关于旅游消费决策过程，中西方学者都做了较多的研究。研究结论主要有三种类型。坚持"四阶段说"的主要有：西蒙（Simon，1960）认为决策过程包括 4 个阶段，第一阶段是探查环境的情报阶段；第二阶段是创造、制定、分析可能的行动方案的设计活动阶段；第三阶段是选定行动方案的抉择活动阶段；

第四阶段是对已有抉择进行评价的审查活动阶段（邱扶东，汪静，2005）。林德布洛姆（Lindblom，1968）同样认为决策过程包括4个阶段，第一阶段是对问题的初步探究或分析阶段；第二阶段是确认目标阶段；第三阶段是详细审查可能实现目标的方法或政策阶段；第四阶段是选择或决定阶段（邱扶东，汪静，2005）。尼科西亚（Nicosia，1966）也认为，消费决策过程分为依次衔接的4个领域，即信息接收、探索与评价目的——手段、购买行为和反馈。坚持"五阶段说"的主要有：古戴尔（Goodall，1991）通过研究，提出个人的旅游度假决策过程由5个基本环节构成，即旅游动机、信息收集、旅游度假方案评价、购买决定和旅游体验（邱扶东，汪静，2005）。甘朝有等人（1995）也提出，旅游决策过程包含5个心理步骤：识别问题或需要、寻找情报、最后决定、消费旅游产品和服务、购买后的感觉（邱扶东，汪静，2005）。所罗门（Solomon，1996）认为消费者做出决策的过程包括5个方面，包括明确问题、搜集信息、评价备选方案、选择产品、购买自己选择的产品（邱扶东，汪静，2005）。符国群（2010）也认为消费者决策过程包括5个主要阶段，即问题认识、信息搜集、评价与选择备选产品、购买、购买后行为。其中购买后行为是指使用产品或把它束之高阁，产生满意或不满意的情绪，从而影响后续行为。另外，邱扶东，汪静（2005）则把旅游决策过程分成7个阶段，即产生旅游的需要或动机等、收集有关旅游的信息、确定旅游目的地或旅游线路、进行旅游预算、确定出游方式、决定是否外出旅游、外出旅游。

上述分析可知，目前关于旅游消费决策过程的研究结论差异较大,既有四阶段说、五阶段说,还有个别学者坚持七阶段说。消费者购买决策理论也认为,消费者的消费决策过程分为引起需要、收集信息、评价方案、购买决策和购后评价五个阶段。根据认知心理学研究发现,人们对信息加工处理坚持平行加工原则,不同的认知活动往往同时发生,人们可以在同一个时间段内处理各种不同的信息。在实际的旅游消费决策过程中,确定旅游目的地或旅游线路、进行旅游预算、确定出游方式、决定是否外出旅游、外出旅游等五个阶段关系密切,联系紧密。从完成的目的任务来讲,这几个步骤的基本任务都是相同的——做出旅游消费决策。从活动内容分析,在这个过程中,决策者根据掌握的相关旅游信息,结合自己的实际情况进行综合评价,如果符合自己的内心需求则做出消费决策,确定旅游线路、出游方式和旅游目的地,不符合则放弃决策,或者重新收集信息,进行新的综合评价。这是一个复杂的心理活动过程,各个阶段联系紧密,相互融合,不可分割,截然分开研究意义不大。综上分析,本研究将康养旅游消费决策过程归纳为四个阶段,即康养旅游动机激发、旅游信息收集与处理、综合评价与决策、决策后行为。本书将从这四个方面展开研究,探讨消费者康养旅游消费决策过程中的影响因素及消费决策机制。

2.2.3　旅游消费动机研究

根据消费者购买决策理论,消费动机即问题认知(Need Recognition)是指消费者认识到自己有某种需求,并将这种需求与特定的产品或者服务联系起来。消费动机是消费决策过程的开始，旅游消费动机是激起消费者旅游消费的原动力。旅游消费的产生源于一定的旅游动机，没有旅游动机就不会有旅游消费。近年来，国内外学者对旅游消费动机做了大量的研究，产生了大量的研究成果，研究的重点主要集中于消费动机的内涵以及消费认知、消费动机与消费行为之间的关系两个方面。

（1）旅游消费动机的内涵研究。

旅游消费动机的内涵研究是学者最热衷的领域。早期对消费动机的研究主要是描述性研究。保继刚（1987）首先对旅游动机、旅游消费行为进行了全面的描述性分析。Gnoth（1997）提出从动机和期望形成过程模型来研究旅游消费心理（孙颖，2015）。进入21世纪，学者逐渐转向对消费动机构成因素的研究。杨卫东（2003）研究发现，中国传统的价值取向对消费观念产生着重要影响，受传统消费观念的影响，旅游消费动机也受到影响。权小勇（2008）提出了旅游消费动机产生的两个条件：一是旅游需要（内部条件），二是目标刺激（外部条件）。王红兰（2009）认为家庭旅游内部动因主要有家庭亲情动机、教育动机、身体健康动机、怀旧心理动机、休闲放松动机。外部诱因主要有社会政治、经济、文化、技术因素对生活观、消费观的影响，媒体的影响，亲戚朋友家人的介绍推荐影响。随着研究的深入，国内学者开始大量深入研究特定群体的旅游消费动机，包括女性群体、体育旅游消费群体、大学生群体和高校教师群体，推动了旅游消费动机研究的发展。对女性旅游消费动机的研究主要有：王春雨（2014）认为影响女性旅游消费的因素有两个：促进因素和制约因素。促进因素包括生活方式的改变、个人角色的演变和社会群体的形成、女性的广泛就业、经济独立、政策法规的完善和社会治安的稳定。制约因素主要是女性自身的因素，主要是性格、态度以及决策、安全问题。范舟行（2015）认为女性旅游消费动机的内部心理因素有追求美的心理、追求实惠的心理、好胜心理、趋同心理。外部社会因素有可支配收入的增加、女性闲暇时间的增加、女性学习行为的发展、"男主外、女主内"角色分工的转变。体育旅游消费群体消费动机的研究主要有：孙琳（2015）发现我国邮轮旅游者消费动机主要有休闲消费动机、假期消费动机、消费目的动机。赵金岭（2019）研究了当代中国语境下高端体育旅游产品消费动机。岳贤锋（2014）考察了旅游期望理论对体育旅游消费动机的影响。认为旅游者在出游决策和旅游目的地的选择以及在旅游过程中的感受、体验，旅游结果是否满意等方面都受到个人心理动机的影响和支配。还有李英吉（2013），赵爱民、陆恒芹、朱蔚琦（2017），徐锦雅（2017）等学者探讨了大学生的旅游消费动机，发现大学生出游动机分为五个层次，主要是放松动机、刺激动机、关系动机、发展动机和自我实现动机，但每个层次的内容表述又有所差异。而且除了是否为独生子女外，大学生的旅游消费动机在其他人口统计学方面均显现出了显著性差异。蒋作明、陈大伟（2016），杨艳华（2013）探讨了高校教师旅游动机与旅游消费行为。认为高校教师旅游动机主要有科考交流、社会活动、价值实现、炫耀展示、健康疗养。

上述研究发现，各学者关于旅游消费动机的组成因素表述各异，但关于消费动机的结构分类基本一致，即消费动机分为内在动机和外在动机，影响消费动机的因素有制约因素和促进因素。消费动机源于消费需求，消费需求是消费动机产生的源泉。根据马斯洛消费需求理论，人的需求分为五个层次，不同阶段有不同的需求。本书将在此结构分类基础上，以消费需求层次理论为指导，建构康养旅游消费动机的内涵因素理论。

（2）消费认知、消费动机与消费行为之间的关系研究。

动机的形成是一个复杂的心理过程，消费动机的形成会受到多方面因素的影响，尤其是消费认知、消费行为等因素，因此也引起了学者们对这一领域的研究兴趣。孙颖（2016）认为旅游消费动机与旅游消费偏好之间存在正向关系。苏丽雅（2014）发现旅游消费动机在不同的人口特征中存在差异，主要是收入或者受教育程度差异对自我发展与自我实现动机存在显著性影响。岳贤锋（2014）认为体育旅游消费者出游动机受信息、体育旅游目的地丰富的产品和优质的服务、体育旅游安全保障、基础设施状况的影响。杨剑、魏雅丽等（2009）和孙颖（2016）等经过研究认为，消费动机会直接影响大学生群体体育消费行为。刘桂芳（2014）认为大学生体育旅游消费行为受消费动机的制约与影响。王恒利、周文静（2018）通过深度探讨冰雪体育旅游消费者、消费动机、认知与消费行为之间的关系，建构了冰雪体育旅游消费认知、消费动机与消费行为之间的关系模型（如图2-1）。其中：H1为人口统计学特征（性别、年龄、收入）对冰雪体育旅游消费者消费动机的各维度影响存在显著差异；H2为冰雪体育旅游消费者的消费认知显著影响其消费动机；H3为冰雪体育旅游消费者消费动机显著影响其消费行为；H4为冰雪体育旅游消费者消费认知会影响其消费行为。

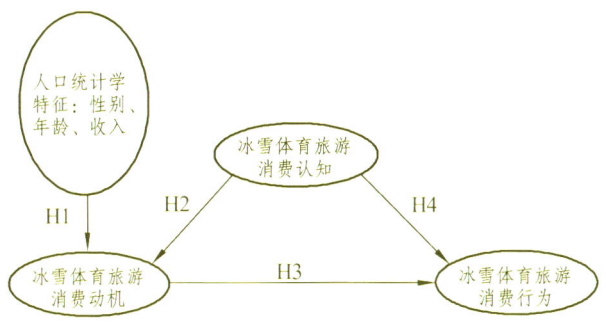

图 2-1 冰雪体育旅游消费认知、消费动机与消费行为的关系模型

[资料来源：王恒利，周文静（2018）]

王恒利、周文静（2018）还深度探讨女性冰雪体育旅游消费认知、消费期望、消费需求与消费动机之间的关系问题，并建构了四者之间的概念模型（如图 2-2）。其中：H1、H2 为女性冰雪体育旅游消费认知和消费需求、消费动机影响关系；H3 为女性冰雪体育旅游消费期望影响其消费动机；H4、H5 为女性冰雪体育旅游消费需求和消费期望、消费动机影响关系。

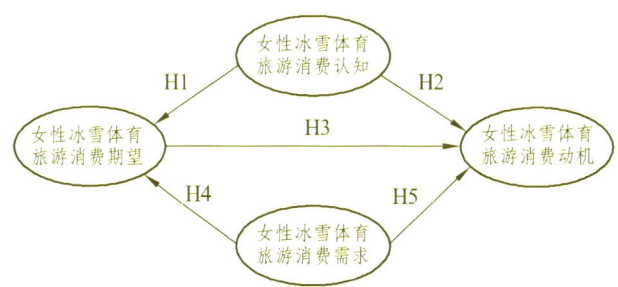

图 2-2 女性冰雪体育旅游消费认知、消费期望、消费需求与消费动机关系概念模型

[资料来源：王恒利，周文静（2018）]

综上所述，关于旅游消费动机的研究，目前主要采取实证研究的方式，集中于探索不同旅游消费群体的消费动机的构成，

对消费动机产生的深层心理根源缺乏研究，对消费认知、消费动机与消费行为之间的相互关系研究不够深入，虽然有一定的成效，但由于缺乏科学的、深入的研究，研究成果缺乏普适性，对旅游消费实践的指导性不足。今后，需要进一步从心理学、管理学的角度，采取科学的方法，拓宽研究范围，深化研究层次，增加研究成果的信度和效度，提升研究成果对旅游消费的指导价值。

2.2.4 旅游消费信息研究

信息是做出决策的前提和基础。消费者产生旅游需求后，首先就需要通过各种途径搜集所需的旅游产品信息，关注相关旅游产品的广告、别人的评价，然后根据自己的需求做出合理的消费决策。Tversky 和 Kahneman（1981）明确指出，对一个肯定备择方案和一个风险备择方案进行二择一，会受到言语描述的影响。关于旅游消费信息的研究，主要集中在信息可信性和信息来源渠道两个方面。

（1）旅游消费信息的可信性研究。

旅游信息的可信性，是指信息由于它的专长性和可靠性等特征，而被人们接受和相信的程度（邱扶东，汪静，2005）。任何旅游信息，都有一个根本的要求，即信息的准确性或可信性。正如 Lanquar, Robert（1993）就明确指出："在这方面，重要的一点是力求信息的准确性。"信息是决策的基础，但只有掌握全面、准确、可靠的信息，才能做出科学合理的决策。Aronson, Turner 和 Carlsmith 研究发现，信息源可信性的高低，对改变人们看法的影响存在显著的差别（金盛华等，1997）。因此，国内外学者一直高度重视旅游信息的可信性研究。Hovland 和 Weiss（1995）通过实验证明，信息源的可信性越高，人们就越容易接受他们的宣传，改变自己的态度，进而做出符合宣传者要求的选择。Chung 和 Koo（2015）研究认为，人们在社交媒体上搜索旅游信息时更为关注信息的可靠性。

还有部分学者关注了旅游信息的可信源问题。纪峰（2018）认为旅游消费者最信任的是个人经验，其次是个人来源，再次是公共来源，最后才是商业来源。Walster 和 Aronson（1966）的实验证明，信息可信性的一个影响因素，是信息源发出的信息和他们代表的利益是否一致。Bochner 和 Insko 在有关态度改变的实验中发现，宣传者的可信性越高，接受者发生最大态度改变量的差异度水平也越高（金盛华等，1997）。Petty 和 Cacioppo（1983）在他们提出的说服和态度改变过程的精细加工可能性模型中认为，信息源的可信性会直接影响到人们对广告等宣传做出的反应。中西正雄（1984）研究消费者的行为后认为，外部信息的背景和框架，影响消费决策。Kardes（2003）认为，信息可信性的一个影响因素，是信息源的声誉。牟海鹰等人（2001）指出，名人效应有助于增强人们对广告等宣传的注意，可以提高企业形象和对商品的积极评价。正如霍夫兰德和威斯的经典实验所证明的那样，信息源对信息如何被接收、处理，具有非常重要的影响。最有效的信息源，是可信性高的信息源，是那些专业的、可靠的信息传播者（邱扶东，2007）。

（2）旅游消费信息的来源渠道研究。

近年来，国内部分学者开始关注旅游消费信息的来源问题。

纪峰（2018）认为旅游消费者最信任的是个人经验，其次是个人来源，再次是公共来源，最后才是商业来源。刘小同（2017）研究发现，对主题公园旅游消费者获取信息渠道起主导作用的是亲朋介绍与广告宣传，其次是网络与传统媒体，再次是旅行社，表明游客对于直接信息渠道偏向性更强。徐锦雅（2017）认为在校大学生获取旅游信息最常用的渠道是互联网等媒介，其次是通过同学朋友推荐以及通过自己了解旅游信息。赵爱民、陆恒芹、朱蔚琦（2017）等认为大学生旅游信息来源主要有两个渠道：内部信息搜寻和外部信息来源。外部信息来源包括个人来源、营销者主导来源、中立来源、经验来源四种类型。最主要的渠道是通过朋友推荐，其次才是通过网络和报纸杂志获取（如图2-3）。

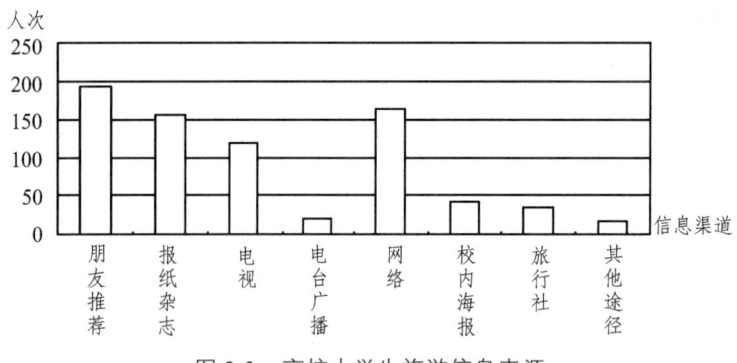

图2-3 高校大学生旅游信息来源

[资料来源：赵爱民，陆恒芹，朱蔚琦（2017）]

从以上研究结果可知，目前国际上主要注重旅游信息可信性问题研究。研究发现，不同来源的信息可信度不一样，信息来源越可靠，信息可信度越高。信息可信性的主效应非常显著，可信性高的信息，导致了较高额度的旅游消费选择，可信性低的信息，导致了较低额度的旅游消费选择。国内学者对旅游消费信息研究较少，研究还处于起步阶段，研究方法比较单一，研究层次还不够深入，研究结论甚至还有相互冲突之处，缺乏对康养旅游消费者获取及利用信息的研究。研究还表明，不同旅游群体对信息来源渠道青睐不一。因此，非常有必要采取科学的研究方法，深入探索康养旅游消费者获取及利用信息问题，深化对消费者获取及利用旅游信息的认识，助推康养旅游企业营销行为的科学性。

2.2.5 旅游消费决策研究

关于旅游消费决策的研究，学界目前主要集中在旅游消费决策的概念界定、旅游消费决策的影响因素以及消费决策的机制探索三个方面。

（1）旅游消费决策的概念研究。

邱扶东、汪静（2005）认为，旅游决策是指个人根据自己的旅游目的，收集和加工有关的旅游信息，提出并选择旅游方案或旅游计划，并最终把选定的旅游方案或旅游计划付诸实施的过程。旅游决策与其他决策一样，是一个包括从内在的心理活动到外显行为的连续体，可以划分为一系列相关的阶段或步骤。王细芳（2019）认为，旅游消费决策是指潜在需求引致的，旅游者根据消费效用极大化原则，琢磨消费对象——旅游产品的属性或品牌的含金量，选择合适的消费对象以及是否真正购买的过程和结果。从这个概念出发，他认为旅游消费决策包含旅游消费决策过程和旅游消费决策结果两个方面。纪峰（2018）认为，旅游消费决策是为了满足旅游需要，在能够满足旅游需要的不同旅游产品或服务中，做出最优选择的决策过程。

综上发现，目前关于旅游消费决策的概念研究不够充分，但关于概念的内涵和外延范畴认识基本相同。结合旅游消费决策理论的论述，笔者认为，旅游消费决策是指决策者为了满足消费者的旅游消费需求，在分析处理所收集的各方面旅游信息的基础上，做出是否消费、到哪里去消费、消费什么项目等一系列旅游消费决定的行为过程。本书将在此概念基础上研究影响消费者康养旅游消费决策的因素及其作用机制，建构消费者康养旅游消费决策的机制模型。

（2）旅游消费决策影响因素研究。

目前还没有关于消费者康养旅游消费决策影响因素的研究。西方关于旅游消费决策影响因素的研究始于20世纪末，主要专注于两方面的研究：一是利用定性或定量方法，发掘影响旅游消费决策的主要因素，主要集中在旅游决策抑制因素的研究。Crompton认为旅游决策受抑制因子，如收入、休闲时间、旅游经验的影响；Pearce认为休闲时间、工作限制和家庭生活作为干扰条件影响旅游决策行为（杨亮，2014）。Moutinho（1978）认为旅游决策明显受家庭结构、阶层、群体、社会角色、文化因素的影响。还有学者认为旅游消费决策受社会心理因素、价值观、旅游产品的效用、周围环境等因素的影响。Tversky和Kahneman（1981）借助亚洲疾病问题的研究指出，对一个肯定备择方案和一个风险备择方案进行二择一，会受到言语描述的影响。中西正雄（1984）通过对消费者行为的研究发现，外部信息的背景和框架影响消费决策。Moutinho（1978）对旅游决策、购后评价等问题建立了相关模型实证研究。Sirakaya（1996）指出旅游决策行为的决定因素是时间、成本和吸引力。Alison（2005）认为消费者在旅游目的地的选择上更多地受到价值的影响。Shih 则指出，价值观、生活方式、感知和形象是游客目的地决策行为的决定因素（杨亮，2014）。Richard Gitelson 等人认为，游客的亲友除了提供信息外，还将在一定程度上影响旅行决策（黄莉，丁于思，曹青，2017）。Jackson 认为"障碍以及对障碍的感知，在整个旅游活动阶段，自觉或不自觉地渗入个人决策过程之中"（赵爱民，陆恒芹，朱蔚琦，2017）。二是旅游决策作为因变量对各类影响因素变化的响应研究。部分学者通过实证研究发现旅游偏好和旅游态度对游客的旅游决策行为有非常明显的影响，如 Galloway（2008）指出，消费者偏好会影响到旅游消费的实践。

上述研究结果发现，目前国际上关于旅游消费决策影响因素的研究，包括发掘和划分旅游决策影响因素，使用实证主义方法研究影响因素对旅游消费决策行为影响的过程，并通过定性建立旅游决策行为模型，一致认为，不同的影响因素，有的对旅游决策有激发作用，有的则发挥抑制作用。

中国学者对旅游消费决策影响因素的研究始于 20 世纪 80 年代。研究初期，学者主要是借鉴国外研究成果，从心理因素方面研究其对旅游决策行为的作用。进入 21 世纪后，中国学者开始结合本国国情开展旅游消费决策研究，出现了群体旅游消费决策行为的影响因素研究，并形成了自身特色。这时期一个显著的特征就是注重对大学生、城镇家庭、农民等不同群体旅游决策行为的研究，还有部分学者对特殊类型游客的旅游行为进行研究，部分学者还深入研究了具体的影响因素。何贵兵等人（2002）探索了风险偏好预测中的性别差异和框架效应，结果发现任务框架的主效应非常显著。邱扶东（2007）认为，在旅游决策过程中，信息框架对旅游决策的结果具有非常显著的影响；信息可信性对旅游决策的结果也具有非常显著的影响。姚小云等（2012）运用AISAS模型，提出了影响网络游客旅游购买决策的4个因素，包括网站交易功能、网站产品信息、网站营销、网站技术与安全。王红国（2013）认为影响旅游决策的关键因素在于提升旅游目的地形象。李莉、张捷（2013）提出了3个影响旅游消费决策的因素，包括信息质量、信息渠道和信息表达。岳贤锋（2014）认为基础设施状况是影响旅游者旅游期望和旅游效价的加分因素。赵爱民、陆恒芹、朱蔚琦（2017）等认为决策总是在外部情境刺激和内部需要驱动下完成的，旅游决策行为主要容易受旅游者个人及社会经济因素、旅游者出游动机、旅游信息刺激以及出游的限制因素等方面的影响。随着研究的深入，部分学者开始转向对个别消费群体和特殊因素的深入研究。郑昌江（2002）认为能促使女性旅游消费起决定性的原因有生活方式的改变，个人角色的演变和社会群体的形成，女性的广泛就业、经济独立，旅游政策法规的完善和社会治安的稳定等四个方面。徐锦雅（2017），赵爱民、陆恒芹、朱蔚琦（2017），吴俊、孙宝鼎、李学琴等（2019）则专门探讨了当代大学生的旅游消费行为，认为经济、时间和伙伴等因素是影响大学生旅游消费决策的最大因素。王红兰（2009）探讨了通过研究家庭旅游，认为家庭外出旅游决策要综合丈夫、妻子和子女的意愿，并通过不同的来源和媒介寻觅信息，然后做出旅游消费决策，并建立了旅游消费决策模型（如图2-4）。

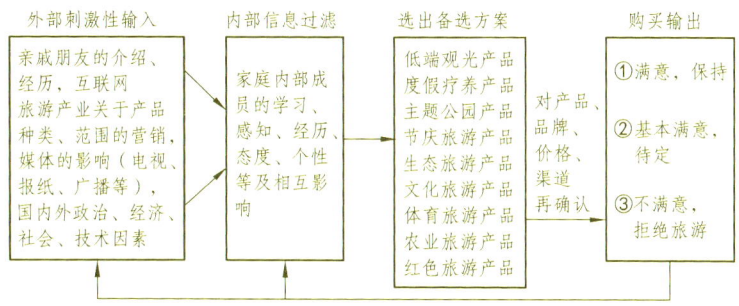

图2-4　家庭旅游消费决策模型

[资料来源：王红兰（2009）]

刘小同（2017）认为主题公园旅游者的消费决策受到来自主题公园与其他游客两个方面要素的影响；张建宏（2003）探讨了浙江省农村居民旅游消费特征与制约因素。王恒利、周文静等（2017）以期望理论为指导，分析了冰雪体育旅游消费行为；朱湖英（2010）分析了非理性旅游消费决策行为的特征、成因，并提出了减少非理性旅游消费决策行为的几点建议。纪峰（2018）认为购买意向转为实际的购买行动，还受到他人的态度和意外情况的影响。

综述发现，研究初期，国内学者主要偏重采用定性分析方法，研究心理因子和地理变量对旅游消费决策的影响。对旅游者的消费决策和审美等行为研究较少。21世纪以后，国内学者研究的范围逐步扩大，部分学者开始针对个别要素进行深入研究，并尝试建构旅游消费决策行为模型，还有部分学者开始研究特殊群体旅游决策行为的特征和影响因素，以量化方法研究外部影响因素为主，并尝试把研究成果用于指导旅游业的发展，一定程度推动了我国旅游业的科学发展。

（3）旅游消费决策机制研究。

消费决策机制是指消费者做出旅游消费决策的过程和形式。既由谁做出消费决策，怎样做出消费决策？消费决策机制对消费者决定是否旅游、消费什么旅游产品、去哪里旅游影响重大。邱扶东（2007）认为，旅游决策是指个人根据自己的旅游目的，收集和加工有关的旅游信息，提出并选择旅游方案或旅游计划，并最终把选定的旅游方案或旅游计划付诸实施的过程。约翰·斯沃布鲁克等（2004）也认为旅游者消费决策是一个比较宽泛的过程，包含最初的旅游需求和欲望，对所搜寻到的旅游信息进行认知，关键的旅游决策行为以及旅游结束后的满意程度及评价。黄莉、丁于思、曹青等（2017），以及纪峰（2018）则认为旅游消费者在进行消费决策时通常会经历形成旅游动机、信息搜寻、评估选择、出游决策、游后行为五个阶段。邱扶东等（2007）也将旅游决策过程划分为五阶段，即需求产生阶段、信息收集阶段、最终决策阶段、消费阶段和反馈阶段。部分学者还探讨了不同旅游消费形式的决策机制。刘小同（2017）认为主题公园旅游消费决策过程可分为前期的信息收集与旅游动机识别、中期旅游消费决策行为选择与实施、后期旅游消费反馈三阶段，各阶段特征明显。翁秋妹、陈章旺等（2014）在分析炫耀性消费内涵及测量维度的基础上，认为不同炫耀性消费维度上的游客，最核心的旅游消费决策是旅游区域的选择。

部分学者还专门探讨了决策的主观性问题。多数研究者认为旅游者的旅游决策行为是理性的。陈建昌、保继刚（1988）

指出，在外出旅游之前，消费者先收集旅游信息，然后根据喜好，理性做出决定。Crotts 和 John 则认为旅游决策是指旅游者仔细评估旅游地和旅游产品各类信息，理性地选择可以满足旅游者需求的最佳方案（吴增玉，2014）。但也有学者认为旅游决策过程会受到非理性因素、偶然因素的影响，并不全然是理性的。Bettman，Luce 和 Payne 指出很多情况下人类的决策并非完全理性，诸多因素限制会引起决策者的非理性行为（吴增玉，2014）。Mayo 和 Jarvis 也指出旅游决策具有弹性，旅游决策者可以根据环境变换调整自身决策行为。若决策者面临简单情形则采用的一般决策方式。当面对复杂情况时，应用外延性决策（杨亮，2014）。还有部分学者通过实证研究发现旅游偏好和旅游态度对游客的旅游决策行为的影响非常明显。

上述研究可见，目前关于旅游消费决策机制的研究还不够成熟，研究方法主要是利用定性方法进行描述性研究，研究还不够深入，结论还有很多争议，甚至还有部分相冲突的观点。还缺乏对不同旅游消费决策机制的研究，研究结论的指导性不足。今后需要利用定量或定量与定性结合的方法，加强对不同旅游消费类型的研究，增强对旅游业营销战略的指导性。

2.2.6 旅游消费决策后行为研究

旅游购后行为是旅游消费者购买旅游产品后，通过自己的消费体验，做出对所购买旅游产品满意程度的评价，以及对旅游消费决策正确与否的评价，并决定着其他购后行为（纪峰，2018）。

21世纪初，学者们开始关注旅游购后行为与旅游消费决策的关系。从相关文献来看，有三个问题成为目前研究的焦点：第一个是旅游目的地形象因子对购后行为的影响。第二个是旅游体验感知对游客购后行为的影响。第三个是旅游体验满意度与购后行为之间的相互关系。

对于第一个问题，目前研究结论并不统一。具体如张欢欢（2017）研究发现，乡村环境与服务设施和乡村基础设施对游客满意度和游后行为意向具有显著正向影响。喻琨、胡红宇（2020）也认为乡村自然环境、文化环境、旅游商品的感知与购后行为之间存在着显著的影响。但宝贡敏、胡抚生（2008）却认为，旅游形象因子与回游度之间无显著的相关，而满意度与回游度、推荐度之间存在显著的正相关。乌铁红、张捷、张宏磊（2009）也认为，仅有部分地方属性对旅游者的感知态度和购后行为有关。还有吴国清（2009）研究发现，不同群体间的都市居民对近郊地区乡村旅游的满意度差异很小。

对于第二个问题，研究成果普遍认为旅游体验与购后行为关系较为密切（赵志峰，2013）。具体如陈才、刘艳华、孙洪娇（2011）认为，旅游体验与购后行为呈显著正相关关系。陈钢华、奚望（2018）则发现，游客环境恢复性感知的迷恋维度和兼容维度直接正向影响游客满意度，间接地影响游客的游后行为意向。李恒云、龙江智、程双双（2013）则研究了博物馆游客的购后行为，发现其体验质量对游后行为意向具有显著正向影响。文吉，曾婷婷（2011）也发现，主题酒店的服务质量对顾客积极和消极购后行为分别具有显著的正向和负向影响。还有学者研究了游客自身因素对购后行为的影响。如文谨、宫辉力（2010，

2011）研究认为，生活经历对购后行为有影响，购买经验对购后行为无影响。刘力、吴慧（2010）还发现，旅游动机对旅游者的游后行为意向有显著影响。

对于旅游体验满意度与购后行为之间的相互关系，研究结果普遍认为体验满意度与购后行为关系密切。如杨丽华、董冰（2012）认为，顾客满意与积极的购后行为正相关，与消极的购后行为负相关。吴克祥、张园园、蒙小育（2013）认为，高尔夫球手的球场依恋与购后行为之间存在显著的正相关关系。卞显红（2005）则发现，旅游者所持有的一区域总体形象的改善能提升其重游意向与推荐意愿。余志远（2008）也发现，饭店服务质量与消费者购后行为之间存在双向的良性互动关系。

部分学者还研究了购后行为的功能与外在表现。认为决策后旅游者搜寻和认知的信息，基本上就都是用来巩固已做出的选择（谌文，2007）。旅游者对买卖是否公平的认识影响下一次的购买决策（王红兰，2009）。顾客购后行为集中表现在自我保护、报复、顾客忠诚、利他这四类（耿聪聪，王平，孟亚军，2021）。而老年旅游者对某一旅游产品的买后评价一般有三种结果：非常满意、基本满意、不满意（葛米娜，2007）。

从现有研究文献来看：第一，绝大多数研究主要采用量化方法检验理论假设。第二，从研究结论看，普遍认为旅游体验对购后行为影响显著，体验满意度与购后行为之间互动关系紧密，但旅游目的地形象因子对购后行为的影响结论不统一。本研究在汲取国内外相关研究成果基础上，试图探索康养旅游购后行为的影响因素及其作用机制，以期为企业制定有针对性的发展规划和营销计划提供理论和经验借鉴。

2.2.7 小　结

综上研究发现，关于旅游决策方面的研究，经过多年的努力，国内学者已取得丰硕成果，学者们已经开始结合中国旅游发展实际，研究本土因素对旅游决策的影响。但是，研究方法还比较单一，以特定的潜在旅游群体作为研究对象，得出的结论往往不具有普遍价值，研究成果也还缺乏实践和应用。又由于旅游决策行为本身涉及人类的思维方式、心理变量以及个体偏好等复杂因素，具有隐蔽性和不稳定性，使得决策行为本身具有复杂性，其外在影响因素更是种类繁多且变化不断。虽然该领域的研究已经取得累累硕果，但还不能满足旅游产业发展的需要。

关于康养旅游的研究，虽然也有一定的研究成果，但主要是关于康养旅游资源、康养旅游产品、康养旅游产业的研究，关于康养旅游者的研究非常缺乏，而且都是用实证研究的方法进行描述性研究，研究结论还有相互处冲突、不一致之处，特别是缺乏对康养旅游消费决策过程及其消费决策机制的研究，理论研究对康养旅游产业的指导严重不足。因此，还需要以科学的定性或定量方法为基础，建立消费者康养旅游消费决策行为模式，探索模型的普遍理论解释功能，同时还要注重实践应用价值，注重康养旅游群体旅游决策行为研究。

2.3　理论基础

2.3.1　消费者购买决策理论

1. 消费者购买决策理论的内容

消费者购买决策是指消费者慎重地评价某一种产品或者服

务，并选择、购买能够满足其某一特定需求的产品或服务的过程。广义的消费者购买决策则是指消费者为了满足其某种需求，在一定的动机支配下，在可供其选择的两个或两个以上的备选方案中，经过分析、评价、选择并且实施最佳的购买方案，以及购后评价的活动过程。购买决策是一个系统的决策过程，复杂的购买决策过程由五个阶段构成，包括引起需要、收集信息、评价方案、购买决策和购后评价。

2. 消费者购买决策过程模型

消费者购买决策理论认为，消费决策过程模型包括问题认知、信息搜寻、评价方案、购买决策和购后评价等五个阶段。

问题认知（Need Recognition）是消费决策的起因，是指消费者认识到自己有某种消费需求，并将这种需求与特定的产品或服务联系起来。这种需求可能由消费者的内在生理活动引起，也可能是由外界刺激引起。搜寻信息（Information Search）是消费者实施消费决策的第一步，是指消费者通过各种渠道获取产品或服务相关信息的活动。消费者购买决策理论认为，消费信息的来源主要有四个渠道，即个人来源、商业来源、公共来源、经验来源等。评价方案（Evaluation of Alternatives）是指消费者综合评估产品或服务的内在属性、利益和价值组合，在此基础上形成各种消费方案，明确消费的主观态度。这是消费决策过程的决定环节。购买决策（Purchase Decision）是指消费者通过对商品或服务的相关信息进行综合评价和比选，在不同的备选方案之间形成购买意图和偏好，并最终形成购买意愿的行为。购后评价（Post-purchase Evaluation）是指消费者完成消费后，评估产品或服务的价值，并对所消费的商品或服务表达满意或不满意等。消费者对其购买行为的满意感（S）是其产品期望（E）和该产品或服务可觉察性能（P）的函数，即 $S=F(E, P)$。如果 $E<P$，消费者则会对产品或服务感到很满意；如果 $E=P$，消费者则会对产品或服务感到满意；如果 $E>P$，消费者则会对产品或服务感到不满意。购买后的满意程度影响了消费者的购后活动，决定了消费者对该产品或服务的态度，决定了消费者是否重复购买该产品或服务，甚至会影响到其他的消费者，并形成连锁效应。

国内外许多专家、学者对消费者购买决策模式进行了大量的研究，并提出了一些具有代表性的典型模式。这些模型对研究旅游消费决策机制具有很好的指导价值，本研究重点介绍以下三类决策模型。

（1）科特勒行为选择模型。

该模式认为，消费者的购买行为不仅要受到商业营销的影响，还会受到外部其他因素的影响。不同特征的消费者会产生不同的心理活动历程，通过消费者的决策活动，导致了一定的购买决定，并最终形成消费者对产品、品牌、经销商、购买时机和购买数量等的选择（如图 2-5）。

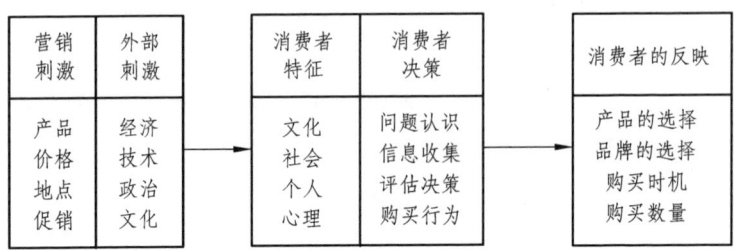

图 2-5　科特勒行为选择模型

(2)恩格尔模式。

该模式的重点是从购买决策过程进行分析。整个模式分为4部分,即中枢控制系统(消费者的心理活动过程)、信息处理、决策过程、环境因素(如图 2-6)。该模式认为,外界信息在有形和无形因素的作用下输入中枢控制系统,对大脑引起、发现、注意、理解、记忆与大脑存储的个人经验、评价标准、态度、个性等信息进行过滤加工,构成了信息处理程序,并在内心进行研究评估选择,对外部探索即选择评估,产生决策方案。整个决策研究评估选择过程,还要受到收入、文化、家庭、社会阶层等环境因素的影响。最后产生购买过程,并对购买的商品进行消费体验,得出满意与否的结论。此结论通过反馈又进入中枢控制系统,形成信息与经验,影响未来的购买行为。

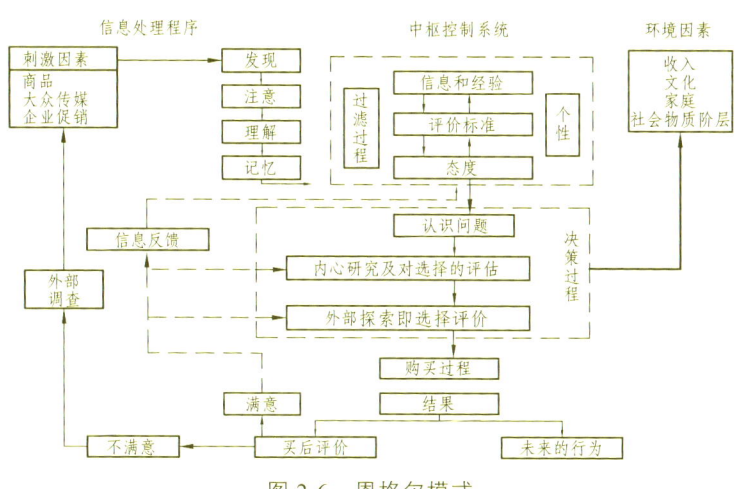

图 2-6　恩格尔模式

(3)霍华德—谢思模式。

该模式的重点是从四大因素去考虑消费者的购买行为。即刺激或投入因素(输入变量)、外在因素、内在因素(内在过程)、反应或者产出因素。该模式认为投入因素和外界因素是购买的刺激物，它通过唤起和形成购买动机，提供各种选择方案的信息，影响购买者的心理活动(内在因素)。消费者受刺激物和以往购买经验的影响，开始接收信息并产生各种动机，对可选择产品产生一系列反应，形成一系列购买决策的中介因素，如选择评价标准、意向等，在动机、购买方案和中介因素的相互作用下，便产生某种倾向和态度。这种倾向或者态度又与其他因素，如购买行为的限制因素结合，产生购买结果。购买结果形成的感受信息也会反馈给消费者，影响消费者的心理和下一次的购买行为(如图2-7所示)。

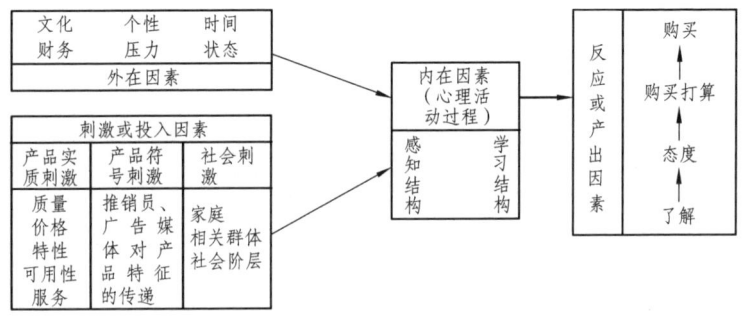

图 2-7　霍华德—谢思模式

3. 消费者购买决策理论对本书的指导意义

本书主要研究消费者康养旅游消费的决策过程理论。消费者购买决策理论具体讨论了消费者购买决策的整个活动过程及相关模式，认为消费决策过程包括五个环节。康养旅游消费决策属于消费决策的子范畴，虽然具有自己的独特性，但与普通消费者消费决策具有共性的一面，消费心理过程及外部环境的影响具有共同之处，因此，借鉴消费决策理论的研究结果，对康养消费决策过程的研究具有理论的指导意义。本书将在实地访谈康养消费者的基础上，借鉴消费者购买决策理论关于消费决策过程环节的分类，结合康养消费者访谈的实际，重点探讨消费者在康养旅游消费决策各环节的内在心理运行规律，以及外在环境因素对消费者消费决策的影响因素，以期建构消费者康养旅游消费决策的机制模型。

2.3.2 计划行为理论

1. 计划行为理论的内容

计划行为理论（Theory of Planned Behavior, TPB）是由 Icek Ajzen（1988，1991）提出的。TPB 认为人的行为是经过深思熟虑的计划的结果。计划行为理论提出，行为意向是预测和解释个体行为的最好方式。该理论假设：① 人是理性行动的，并通过系统地利用可获得信息来决定是否采取行动；② 人们的行动是由有意识的动机引导的，并非无意识的自发行动；③ 人们在决定是否采取行动之前，会考虑他们行动的意义。

Ajzen 认为，所有可能影响行为的因素都是通过行为意向间接影响行为的。而行为意向受到三项相关因素的影响：一是来自个人的内在态度，即对于采行某项特定行为所持的"态度"；二是来自外在的"主观规范"，即影响个人采取某项特定行为的"主观规范"；最后是来自知觉的"行为控制"。计划行为理论的主要观点有以下几点：

① 非个人意志完全控制的行为不仅受行为意向的影响，还受执行行为的个人能力、机会以及资源等实际控制条件的制约，在实际控制条件充分的情况下，行为意向直接决定行为。

② 准确的知觉行为控制反映了实际控制条件的状况，因此它可作为实际控制条件的替代测量指标，直接预测行为发生的可能性，预测的准确性依赖于知觉行为控制的真实程度。

③ 行为态度、主观规范和知觉行为控制是决定行为意向的3个主要变量，态度越积极、他人支持越大、知觉行为控制越强，行为意向就越大，反之就越小。

④ 个体拥有大量有关行为的信念，但在特定的时间和环境下只有相当少量的行为信念能被获取，这些可获取的信念也叫突显信念，它们是行为态度、主观规范和知觉行为控制的认知与情绪基础。

⑤ 个人以及社会文化等因素（如性别、年龄、人格、智力、经验、文化背景等）通过影响行为信念间接影响行为态度、主观规范和知觉行为控制，并最终影响行为意向和行为。

⑥ 行为态度、主观规范和知觉行为控制从概念上可完全区分开来，但有时它们可能拥有共同的信念基础，因此它们既彼此独立，又相互关联。

2. 计划行为理论对本书的指导意义

本书主要研究消费者康养旅游的消费动机、旅游信息的收集评价、旅游消费影响因素以及消费决策的形成。既要探索旅游决策过程中消费者的内在心理变化（态度），又要研究复杂多变的外部环境（主观规范）对消费决策的影响。计划行为理论是在理性行为理论的基础上，通过融入行为控制认知因素发展起来的，从内在心理态度和外在主观规范和行为控制几个方面研究个体的行为决策机制，符合对人的行为的认识规律，对人的选择行为具有较强的指导性，符合本研究的目的。本书将在理论的指导，重点从内在心理动机（态度）和外在社会环境因素（主观规范）两个范畴研究康养旅游消费的决策机制。

2.3.3 小 结

本书通过消费者购买决策理论和计划行为理论，结合文献分析和展望，将康养旅游消费决策过程作为研究重点，研究消费者如何在复杂多变，种类繁多的旅游市场中，选择康养旅游产品作为消费对象。为了更好地解释消费者康养旅游消费的决策机制模型，本书以消费者购买决策理论和计划行为理论为指导，逐步分析消费者康养旅游的消费决策全过程。消费者购买决策理论主要研究消费者消费决策的过程模式，计划行为理论主要研究消费者消费决策的心理变化和行为模式过程，以及在复杂多变的社会环境条件影响下，消费者如何进行消费决策，本书主要探讨影响消费者康养旅游消费决策的内外因素以及消费决策的形成机制模型。

2.4 文献评述

通过文献阅读发现，现有康养旅游的相关文献主要研究康养旅游资源、康养旅游产品、康养旅游产业，而且都是用描述性研究方法来进行分析和探讨。关于康养旅游消费者的研究非常不充分，缺乏对消费者康养旅游消费动机、消费信息、消费决策影响因素以及消费决策形成机制等问题的研究。关于旅游消费决策方面，主要以特定的潜在旅游群体作为研究对象，得出的结论往往不具有普遍价值，研究成果也还缺乏实践和应用。因此，本书以消费者购买决策理论和计划行为理论为指导，从消费者的视角出发，研究康养旅游消费决策过程及其决策形成机制。通过文献回顾，借鉴消费者购买决策理论的逻辑思维，确定了康养旅游内涵、康养旅游动机、康养旅游信息、康养旅游消费决策和消费决策后行为五个研究重点，并试图通过现场调研深度访谈，发现影响消费者康养旅游消费决策的因素及其消费决策形成机制。

首先，通过文献分析，本研究确定了康养旅游、旅游动机、旅游信息、消费决策和决策后行为五个关键概念。关于康养旅游，通过文献共梳理出康养旅游内涵和康养旅游者两个关键因素；关于旅游动机，通过文献梳理出了内在动机和外在动机两个关键因素；关于旅游信息，共梳理出信息收集渠道和信息可信性两个关键因素；关于消费决策，通过文献共梳理出决策影响因素、决策机制两个关键因素；关于决策后行为，共梳理出消费满意度及重复消费意愿两个关键词。

其次，对康养旅游、旅游动机、旅游信息、旅游消费决策和决策后行为的相关文献进行了梳理。通过阅读梳理发现，现有关于康养旅游的研究都是从实证研究的角度，探讨康养旅游的资源、产品和产业建设，对消费者康养旅游消费决策行为的研究还是空白。关于旅游消费动机和消费决策的研究，都是采用实证分析或者量化研究方法进行，缺乏对消费者康养旅游消费动机和消费决策的研究。本研究认为，康养旅游是与其他旅游项目有明显差异的新型旅游项目，采用实证分析和定量研究方法，研究关于旅游消费动机、消费信息和消费决策的一般规律，对消费者康养旅游消费决策研究具有一定的指导意义，但指导性不强，研究结果不能完全适应康养旅游产业的发展。并且，根据社会建构主义，人通常是通过对比自己的经验和所处的社会环境来解释周围的现象，人类总是以反映他们的主观思维的方式理解所处的环境。因此，要理解一个人的行为的意义，研究人员应该尝试从那个人的角度看问题，而这是实证研究无法做到的。因此，本研究将采用质性研究的扎根理论方法，通过对康养旅游消费者深度访谈，力图从消费者的角度出发，从内在心理态度和外在客观规范两个视角，探索消费者康养旅游的消费动机、消费信息、消费决策机制和消费决策后的相关行为。

2.5 研究问题

通过文献回顾可知，目前学界关于康养旅游者的研究非常不充分，缺乏对消费者康养旅游消费决策行为的系统性研究。关于旅游消费决策方面，主要以特定的潜在旅游群体作为研究对象，得出的结论不具有普遍价值，研究成果也还缺乏实践和应用。因此，本书确定以康养旅游消费决策过程作为研究主题，具体包含以下五个方面的相关内容：

① 康养旅游的内涵主要包括哪些？

② 消费者康养旅游消费动机的构成因素有哪些？
③ 消费者获取康养旅游消费信息的渠道有哪些？
④ 影响消费者康养旅游消费决策的因素有哪些？
⑤ 消费者是怎样做出康养旅游消费决策的？

本研究围绕上述研究主题五个方面的具体内容，探索消费者康养旅游消费决策的整个过程，建构消费者康养旅游消费的决策机制理论。

研究方法与实施

3.1 研究方法的哲学基础

本研究以诠释主义为哲学理论基础。诠释主义和实证主义是社会科学研究中主要的两类哲学方法。实证主义是借鉴自然科学的研究方法，在研究中主要采用实验、问卷调查等规范的数据收集和分析方法，通过特定的软件和模型分析，以发现和证实可能的因果关系；诠释主义则突出研究者同时作为所研究现象的参与者进行"有意识"的分析，主张研究人员把资料以语言的方式展现（包括对原话的引用），并赋予资料以"社会"的意义，使资料能够被人们"理解"。人类对世界的理解是一种解释性的，所谓的"真理"与"理论"都具有临时性的特征，理论不是被发现的，也不是独立于研究者而是存在于数据之中的，任何理论提供的都是对被研究世界的一种解释性图像，而不是世界真实的本来的面貌。即世界是解释性的，是主观之于客观的一种变化性的认识。

本研究主要是对康养旅游消费决策的整个过程进行全面的研究，以发掘影响消费者康养旅游动机的主客观因素，揭示康养旅游消费决策的行为机制，采用统计描述或问卷的方法进行研究，很难全面、准确地发掘出影响消费者康养旅游消费决策的内在心理动因，难以得到完整、真实的科学结论。同时，康养旅游消费决策过程具有明显的情景化，研究情景化问题最有效的方法不是数学分析，而是语义分析，需要研究者从消费者的视角出发，结合消费者的经济、社会和文化背景，对消费者内心活动的深层结构和工作机理进行洞察、诠释和建构。因此，本研究认为，采用诠释主义方法是本研究最好的研究范式。

3.2 研究方法

本研究采用扎根理论（Grounded Theory）这种探索性研究方法。扎根理论是由社会学家 Glaser 和 Strauss 于 1967 年提出来，是在经验资料的基础上自下而上建构实质理论的一种质性研究方法。是一种较为系统、严谨、科学的社会科学研究方法论。它直接从现象入手，通过对收集到的原始数据进行编码、聚类、归纳和抽象，然后上升到理论。采用扎根理论进行探索性分析时，通过对原始数据进行开放式编码、主轴编码和选择性编码三个程序来建构理论。在资料分析过程中，采用连续比较分析（Constant Comparison Analysis）的思路，在资料和资料之间、资料与理论之间、理论和理论之间不断进行比较，直至发展出新的实质性理论。

本研究拟通过设计非结构化问卷（开放式问卷），对典型性康养旅游消费者进行深度访谈以获得第一手数据。在访谈中将通过理论抽样（Theoretical Sampling）方法，按照分析框架和概念发展的要求抽取具体的访谈对象。

本研究选择非结构化访谈技术作为收集数据的最佳工具，这是因为首先考虑到访谈的质量，访谈法最适合鼓励研究人员获取丰富和详细的数据；其次，访谈法更关注的是受访谈者的相关意见，并能够更深入地了解受访者认为是相关和重要的因素；最后，非结构化访谈允许研究增加一定的灵活性，根据受访者的谈话方向随时调整研究重点、调整访谈方向和内容，以免在访谈过程中出现一些重大以外情境和案例。

关于定性访谈的类型，非结构化访谈是通过在一定范围内的主题，提出相关问题来收集受访谈者的想法，然后允许受访谈者自由回答。正如Burgess所描述的那样，非结构化访谈的性质与"自然"对话非常相似，对受访者的回答没有太多的限制，问题的措辞和排序将从面对面的谈话中改变。这种面对面谈话让研究者能够全面了解想要了解的问题。Lee和Ling也指出，使用非结构化访谈会使实际调查变得非常困难，因为不能保证受访者能就研究者想要探讨的话题提供想要的相关信息。由于本研究有需要深挖的具体问题以及想要探索的特定话题，而不是一个非常宽泛的范围，因此，本研究适合于采用非结构化访谈技术收集数据。

为了提升访谈的效果，我们将在访谈前一周至两周通过电话或网络预约受访对象，告知受访对象我们的访谈动机、访谈目的和访谈主题，以便受访对象稍做准备。访谈前一天，再次通过电话或网络与受访对象进行沟通，落实具体的访谈时间和访谈地点，防止受访对象出现意外情况耽误访谈。正式访谈时，研究者先就康养旅游消费的内涵及相关概念向受访者进行解释说明，以确保其对康养旅游消费有正确理解，然后才进入研究主题进行深度访谈。

从现有的质性研究文献来看，学者们多使用面对面访谈获取所需要的信息资料。这是因为，面对面访谈在多种访谈方式中优势明显：研究者除了可以当面聆听、记录受访者的原始言语外，还可以通过近距离观察受访者的面部表情、肢体动作反应，洞察受访者的内在心理变化，并在即时的互动中有效调整访谈方向、访谈内容和访谈重点，甚至决定暂时停止访谈。在本研究中，由于全球正处于新冠肺炎疫情环境，根据研究的需要和社会实际情况，除了采用通常的面对面访谈之外，还采用了网络在线访谈和电话访谈这两种访谈方式。网络在线访谈和电话访谈具有如下优势：无须访谈者与受访者直接见面，其实施更加便捷，不受时间和空间限制；同时受访者不会感到拘束，回答更自由、更真实，不易受到访谈者口头语言和行为语言的影响，且回答内容往往经过深思熟虑（不是随口讲的），逻辑性更强。综合使用三种访谈方式既可以取长补短，提高访谈效果，更有利于达到访谈目的。面对面访谈时，研究者征得受访者的同意后，对受访对象的语言进行全过程录音，并在访谈结束后立即对录音资料进行整理，完成访谈记录和备忘录。网络在线访谈和电话访谈时，研究者直接根据在线访谈录音进行整理，完成访谈记录和备忘录。通过这三种方法，本研究最终得到了十万余字的访谈数据资料。

3.3 数据收集方法

心理学研究表明，个体的内在心理动机是复杂多变的，影响消费者康养旅游消费动机的因素是复杂多样的，康养旅游消费决策是一个复杂的心理行动过程，受内外环境因素甚至是意外因素的影响，采用统计描述或问卷的方法进行研究，很难全面、准确概括影响消费的心理动因，难以得到完整、真实的结论。必须要采用质性研究方法，面对面地与消费者进行深度接触，通过对消费者的语言进行"原汁原味"的深入剖析和解读，才能深入了解消费者参与康养旅游的内外因素。

为鼓励受访对象尽量无保留地真实表达自己的观点和看法，提供真实、全面的数据信息，本研究采用半结构化访谈，主要是面对面深度访谈，并结合电话和网络等新型工具访谈的形式进行数据收集。

3.4 访谈对象及样本量

考虑到一般人在康养旅游消费能力方面的不足，普通旅游消费者对康养旅游知识的欠缺，我们选取的受访对象都是具有较强的经济消费能力，有多次康养旅游经历，拥有一定的康养旅游知识的成熟型康养旅游消费者。从 2020 年 3 月开始，历经三个多月，样本数的确定按照扎根理论所规定的理论饱和（Theoretical Saturation）原则为准，即抽取样本直至新抽取的样本不再提供新的重要信息为止，最终共选取 22 个受访对象。为了增加受访对象的代表性，选取的对象既有来自我国经济较为发达的地区，如武汉、成都等城市的，也有来自经济欠发达地区，如六盘水、江油等城市的；既有来自北方的，如辽宁、甘肃，也有来自南方的，如四川、重庆、贵州；受访者 77%为知识分子，95%为从事管理、教育和科研职业的专业技术人员，86%到过两个以上的地方康养旅游，86%以上具有三次以上的康养旅游经历。符合具有较强的经济消费能力、有一定的康养旅游知识的康养旅游者的要求。每次与受访对象的访谈时间约1小时。访谈时，我们在事先征得受访对象同意的前提下，对访谈进行了录音，并在每次访谈结束后立即对录音资料进行整理，完善访谈记录和备忘录。共获取十万余字的原始数据。受访对象的统计资料如表3-1所示。

表3-1 受访者基本情况统计表

项目	类别	人数/人	所占比例（%）
性别	男	9	41
	女	13	59
年龄	60~69岁	6	27
	70~79岁	7	32
	80岁及以上	9	41
文化程度	高中及以下	5	23
	中专	5	23
	大专及以上	12	54
退休前职业	管理人员	4	18
	技术人员	4	18
	工人	1	5
	教师	2	9
	军官	3	14
	领导干部	8	36
康养旅游次数	1~2次	3	14
	3~4次	4	18
	5次及以上	15	68

3.5 访谈程序

3.5.1 访谈准备

访谈准备工作涉及以下四个方面：

第一，确定访谈类型。根据研究的需要，本书拟采用半结构化访谈法搜集康养旅游者的相关数据。

第二，确定访谈对象。为了获取比较成熟的康养旅游者对康养旅游的真实看法，本研究选取具有较强的经济消费能力，拥有一定的康养旅游知识的成熟康养旅游者作为访谈对象。通过初步联系受访者和康养旅游企业工作人员，了解访谈对象的背景知识，进一步确定访谈对象。

第三，确定访谈时间、地点。遵循方便受访者的原则，研究者通过电话或网络预约，提前分别与访谈对象约定访谈方式、访谈时间和地点。

第四，拟定访谈安排表。通过电话或网络预约，拟定访谈安排流程表，明确访谈流程及访谈需要了解的内容。

3.5.2 正式访谈

正式访谈涉及以下三个步骤。

第一，自我介绍。研究人员首先向受访者进行自我介绍，表明自己的身份，介绍自己的基本情况，了解受访者的身份背景，加深彼此对对方的了解与认识，拉近与被访谈人的关系，建立基本的信任关系。

第二，访谈介绍。研究人员首先向受访者说明来访的原因，介绍本研究的目的和意义，说明访谈的重要性和必要性，请求受访者给予积极的配合与支持，并向受访者保证不对外实名公开与受访者的谈话内容，保守所了解到的受访者的个人隐私，进一步打消受访者的顾虑。

第三，访谈内容说明。向受访者介绍康养旅游的相关概念，即康养旅游的动机和康养旅游消费决策机制，让受访者对相关概念有初步的了解和认识。

3.5.3 访谈技巧

访谈时的技巧主要有以下四点。

第一，以受访者为中心。质性访谈最重要的原则就是"以受访者为中心"。在深度访谈的过程中，研究人员秉持真诚、友好和坦诚的态度，充分尊重受访谈者，说话做事礼貌大方，态度谦虚谨慎，不使用不文明语言，不打探对方的隐私，不冒犯对方的宗教信仰，充分尊重对方的说话习惯，努力营造良好的访谈氛围，为顺利访谈打下坚实基础。

第二，忠实记录访谈内容。以受访者为中心表现在访谈中，就是要忠实记录访谈内容。在访谈过程中，研究人员一定要坚持中立态度，不诱导受访者的谈话，不质疑受访谈人的谈话内容，不随意打断受访谈人的发言，记录要客观、真实、全面，不主观臆测，不先入为主，不改变受访谈者的谈话内容。在征得受访谈人同意的前提下，做好全程录音。对受访者的发言不理解、不清楚的内容，以礼貌的态度和语言及时请教受访者，做好补充记录。

第三，真诚表达谢意和歉意。访谈结束后，研究人员要向受访者给予的大力支持表达衷心的感谢，并对耽误对方的宝贵时间表示真诚的歉意，争取与对方建立更加和谐良好的人际关系。

第四，及时整理访谈数据。访谈结束后，尽量当天整理出访谈内容，对访谈内容进行编码和归纳整理，对访谈内容有不理解和不清楚的，及时通过电话或网络再次请教受访谈者，做好数据补充和更正。

3.5.4 访谈提纲

本研究访谈提纲的完成经过三个步骤。首先，对现有文献进行回顾，根据前人的研究成果提出初步的访谈内容，拟定初步的访谈提纲；其次，正式访谈前，通过与研究康养旅游的专家学者、康养旅游企业从业人员和康养旅游者的交流，进一步修订访谈提纲，作为正式访谈的谈话提纲；最后，在正式访谈中，根据受访者的谈话内容，特别是受访者谈话中提出的新内容，再进一步修订完善访谈提纲。然后根据访谈提纲，进一步深度访谈，如此不断完善，不断改进访谈提纲，不断深化访谈内容。

3.6 编码过程

3.6.1 开放式编码

开放式编码（Open Coding）是对质性资料进行分析的第一阶段，就是对通过深度访谈获得的原始数据中任何可以编码的片段或句子给予概念化标签，将原始数据概念化的过程。具体来讲，就是将访谈数据进行打散，赋予相关概念，然后再以新的方式重新进行组合的过程。（王建明，贺爱忠，2011）开放编码的目的在于指认现象、界定概念、发现范畴，也就是处理聚敛问题。（汪涛，周玲，周南等，2012）为了搞清楚原始数据研究的内容，具体数据指向的理论类属，开放性编码的代码应该紧贴数据，保持开放的态度，要简单精确，并能够迅速找到数据以进行浏览和比较等。（凯西·卡麦兹，2009）为了保证语义的完整性，本研究拟对原始访谈数据进行逐句逐段分析，以进行初始概念化。编码过程中，为了尽量减少研究者个人的主观偏见、成见或影响，提高编码的质量，应该尽量使用被访谈人的原话（原汁原味的本土语言）作为标签以从中发掘初始概念。由于初始概念的层次往往相对较低，数量非常庞杂且存在一定程度的交叉和重复，应当进一步将相关的初始概念进行提炼以"聚拢"在一起，即通过连续比较（Constant Comparison）进一步聚焦编码（Focused Coding），进一步探究概念之间的逻辑关系，实现概念范畴化。

3.6.2 主轴式编码

开放式编码的主要任务在于发掘范畴，主轴编码（Axial Coding）的主要任务则是为了更好地发展主范畴。主轴编码就是要将开放式编码中被分割的资料，通过连续比较分析，发掘范畴的性质和层面，使范畴更加严密。同时，发现开放式编码中的各个不同范畴在概念层次上的内在联结，建立范畴之间的潜在逻辑联系，将各个独立范畴联结在一起。Strauss 和 Corbin

(1998)认为，主轴编码回答关于"哪里、为什么、谁、怎样以及结果如何"这些问题，也就是说，主轴编码就是把开放编码形成的范畴进行聚类分析之后，形成更大的类属，探究它们之间是如何联系起来的（靳代平，王新新，姚鹏，2016）。在建立关联时，需要分析各个范畴在概念层次上是否存在潜在的联结关系，从而寻找一定的线索（陶厚永，李燕萍，骆振心，2010）。为此，我们将开放式编码中能呈现不同范畴之间联系的数据进行逐一的比较分析，试图解析出其中潜在的脉络或者因果关系。

3.6.3 选择性编码

选择性编码是从主范畴中挖掘"核心范畴"（Core Category），分析核心范畴与主范畴及其他范畴之间的联结，并以"故事线"（Story Line）的形式来描绘整体行为现象。该过程的主要任务包括识别出能够统领其他范畴的主范畴，用所有资料及由此开发出来的范畴、关系等简明扼要地说明全部现象，即开发故事线；继续开发范畴使其具有更细微、更完备的特征（李志刚，李国柱，2008）。"故事线"是主范畴的典型关系结构，它不仅包含了范畴之间的关系，而且包含了各种脉络条件，完成"故事线"后也就发展出新的实质理论构架。

3.7 数据的解释力度检验

3.7.1 信度检验

扎根理论研究方法的信度问题，主要是指扎根过程是否可以重复并得到相同的编码结果。信度检验是扎根理论的必经环节。质性研究重视研究的完整性，致力于观察后完整的记录，要求对情景及事件的潜藏含义及特质，必须以相同的方式进行解释。为了提升本研究资料的信度，本研究采取双编码的形式，即由研究者与另一位质性研究方面的专家对原始数据进行双盲编码，对原始材料进行标签化（ax）、形成初步代码（AAx），再按照最大可能性原则，综合两人所有的初级代码（相同内容保留 1 个代码），形成初级代码。其次，按照意思相同或相近的原则，由两人背对背式对初级代码进行整理和归纳，形成代码（Ax）。

3.7.2 效度检验

所谓效度，指的是结论的准确解释性（内在效度）和结论的普遍适用性（外在效度）。扎根理论的效度是指研究结果是可接受的、可信赖的和可靠的。一个成功的扎根理论的生成，必须要具备良好的效度，具有较高的可信性。而对效度影响较大的因素就是研究者的个人偏见（Researcher Bias）。由于质性研究多倾向于探索性研究，常采取开放性、较少结构性的设计，研究者经常进行选择性的观察和资料记录，甚至以个人的观点和见解来解释所收集到的数据，因而造成研究结论的偏失。为了克服可能出现的偏差，本研究将采取如下方法。

（1）研究者自省（Reflexivity）。

研究者将对自己可能持有的偏见和倾向进行批判性的自我反省，通过自省，研究者将进一步了解自我，调整或积极控制自己的偏见。特别要避免先入为主，以自己的观点代替受访者的观点；在整个访谈过程中，研究者尽量保持客观、中立的态度，全面、客观记录受访谈人的谈话内容，理性解读原始数据（尽量用受访谈人的原话）。

（2）连续比较法（Constant Comparison）。

连续比较法是扎根理论方法的核心。就是一边收集数据，一边对数据进行分析比较，数据收集与分析同步进行，形成"数据收集—形成理论—再收集数据—完善理论"的良性循环过程。本研究过程中，研究者对每次收集到的数据，尽量在当天进行编码分析，下一次访谈后，再将获得的数据进行编码分析，并与以前形成的概念、范畴进行比较，通过连续的比较分析，提升研究结果的效度。

3.7.3 理论饱和度检验

理论饱和度检验作为决定何时停止采样的鉴定标准，是指不可获得额外数据以使分析者进一步发展某一个范畴之特征的时刻。胡幼慧（2005）为了检验理论饱和度，本书采取连续比较的方法来检验理论饱和度，一边收集数据一边对数据进行分析，就是对收集到的数据进行连续反复比较，直到不再出现新的范畴为止。笔者首先对采集的20个访谈对象的数据进行比较分析，发现已经达到理论饱和，为了提高访谈数据的可信度，本研究在理论饱和后，继续访谈了2个康养旅游者，并对资料进行比较分析，没有发现新的范畴。笔者认为这样的方法更符合本书的研究实际。

3.8 学术道德

本研究严守学术界公认的道德准则。首先,充分尊重受访者本人的个人意愿,真正做到受访者自愿接受访谈,访谈中随时可以退出访谈,且不能因为退出访谈而受到任何伤害。其次,切实维护受访者的利益。不主动打听受访者的隐私,严守知道的受访者的个人秘密,不能因为访谈而给受访者带来任何不利的影响。三是坚持科学的学术精神。全面分析访谈数据,客观反映研究成果,不受非学术因素的影响,确保研究结论的客观公正,建构理论的科学真实。

康养旅游内涵及消费动机编码分析

4.1 康养旅游内涵编码分析

何为康养旅游？关于康养旅游的概念，本研究在文献回顾阶段进行了认真的梳理，发现到目前为止，国内还没有一个统一或者权威的概念界定。而关于康养旅游的内涵范畴，更是少有学者涉足研究，仅有任宣羽（2016）概括性描述了康养旅游的内涵，认为"康养旅游是由三个层次构成的一个逻辑整体，即康养物候基础、康养需要和诗意地栖居"。缺乏从消费者的角度对康养旅游的内涵进行深入系统的认识。吴后建、但新球等（2018）探讨了森林康养的内涵，认为森林康养包含五个方面的内涵。由于森林康养仅仅是康养旅游的一个分支，其内涵不能正确解释康养旅游的内涵。正是因为康养旅游的概念不统一，内涵不明确，目前政府、企业、学者对康养旅游的认识不一致，导致了康养旅游产业发展缓慢，许多地方的康养旅游产业甚至出现空虚化和盲目化的趋势，在一定程度上引起了康养旅游产业发展的乱象局面。因此，本书将从康养旅游消费者的角度，采用扎根理论方法进一步建构康养旅游的内涵理论，为康养旅游产业发展奠定科学的理论基石。

4.1.1 开放式编码

开放式编码（Open Coding）是在访谈后，对原始访谈中记录的所有可以编码的句子或段落进行概念化标签，将访谈数据概念化的过程。也就是一个将原始资料打散，赋予概念，然后再以新的方式重新组合的过程。编码的过程中,我们首先对原始访谈数据进行逐句逐段的分析,对可以编码的原始数据进行初始概念化。为了尽量减少研究者个人的主观偏见、定见或者其他主观影响,影响获得概念的信度,我们尽量使用被访谈人的原话,即原汁原味的访谈者的口头语言作为标签以从中发掘初始概念,这个部分的内容最终得到180余条原始数据以及相应的初始概念。为了节省篇幅,我们仅节选了其中30余条原始语句及初始概念。表 4-1 为我们得到的关于康养旅游内涵的部分初始概念的形成过程。

表4-1 康养旅游内涵初始概念形成过程

原始数据	初始概念
a.1.1 康养除了吃、住、行以外	a.1.1 吃、住、行
a.1.2 还有一定的医疗条件	a.1.2 医疗条件
b.1.1 环境好嘛	b.1.1 环境好
b.1.2 气候好	b.1.2 气候好
c.1.1 想要多活几年	c.1.1 有利于长寿
c.1.2 要找一个环境比较好的	c.1.2 环境比较好
d.1.1 康养就是健康养生	d.1.1 健康养生
d.1.2 第一个是环境	d.1.2 环境好
e.1.1 就是一个人在一个地方,对这个地方的朋友、老板、环境都很放心	e.1.1 对各方面都放心
e.1.2 比较高兴	e.1.2 比较高兴
f.1.1 理想的康养旅游包含医疗条件	f.1.1 医疗条件
f.1.2 生活伙食要有分类	f.1.2 伙食要分类
g.1.1 第一个就是健康养生	g.1.1 健康养生

续表

原始数据	初始概念
g.1.2 第一个就是去自己喜欢的地方	g.1.2 去自己喜欢的地方
h.1.1 首先，环境要好	h.1.1 环境要好
h.1.2 水质好	h.1.2 水质好
i.1.1 康是健康的康	i.1.1 康是健康
i.1.2 养是可以说是休养，也可以说是养生	i.1.2 养是休养、养生
j.1.1 环境好	j.1.1 环境好
j.1.2 空气好	j.1.2 空气好
k.1.1 首先是要健康	k.1.1 要健康
k.1.2 颐养天年的一个健康生活环境	k.1.2 健康生活环境
l.1.1 有那种医疗机构来定时给我们简单检查身体、量下血压	l.1.1 要有医疗服务
l.1.2 还有一个就是交通工具	l.1.2 交通要方便
m.1.1 到攀枝花晒太阳	m.1.1 到攀枝花晒太阳
m.1.2 过冬养老晒太阳	m.1.2 过冬养老晒太阳
n.1.1 组织一两个适合我们这个年龄段的活动	n.1.1 要有文娱活动
n.1.2 有唱歌跳舞，有啥子音乐爱好啊，真的很好勒	n.1.2 文娱活动很好
o.1.1 因为我的老伴身体不是很好	o.1.1 有利身体健康
o.1.2 冬天比较暖和	o.1.2 冬天暖和
p.1.1 我战友去了郑×家，他在那里住了一年以后，他就说他那个地方挺好的	p.1.1 地方挺好
p.1.2 我就觉得那天气还不错的	p.1.2 天气不错
q.1.1 每年一般我都走两次	q.1.1 每年都康养两次

续表

原始数据	初始概念
q.1.2 等于说在外头,不给子女添麻烦	q.1.2 不给子女添麻烦
r.1.1 因为年龄不同,他的看法就不同	r.1.1 不同年龄看法不同
r.1.2 康养这些地方我不愿意去的原因就是我觉得自己年龄还不是很大	r.1.2 康养是老龄人的生活
s.1.1 对我们老年人身体健康方面有好处	s.1.1 对老年人健康有好处
s.1.2 空气好	s.1.2 空气好

由于上述获取的初始概念的层次相对较低,数量非常庞杂,并且还存在一定程度的交叉和重叠现象,需要对初始概念进一步提炼,以将相关概念聚集在一起,提炼出概念的范畴。提炼概念的范畴时,我们剔除了出现频次较低(频次低于两次的)的初始概念,只保留了出现频次在三次及以上的概念。通过分析,根据不同概念之间相互关系和逻辑联系,我们对概念进行重新归类,共归纳出11个范畴。为了节省篇幅,本书仅列出了部分初始概念。各范畴对应的初始概念如表4-2所示。

表4-2 康养旅游内涵开放式编码范畴化

范畴	初始概念
吃住条件良好	a.1.1 吃、住、行,b.1.4 吃住不操心,d.1.3 住宿条件好,f.1.2 伙食要分类,i.1.15 生活好,i.1.16 住宿好,i.1.24 有家的感觉,j.1.3 饮食不错,j.1.9 餐食方面好,j.1.8 住宿条件比较理想,j.1.12 养老,k.1.6 吃、住、行都应该有

续表

范畴	初始概念
交通条件便利	b.1.5 交通方便，b.1.6 交通方便，g.1.4 交通比较便利，g.1.19 交通比成都差，g.1.20 交通不方便，h.1.4 交通要便利
设施设备齐全	h.1.6 设施好，g.1.5 成都设备和居处比攀枝花好，g.1.3 成都康养比攀枝花好，1.3.3 配套设施可以
有医疗条件	a.1.2 医疗条件，d.1.5 医疗条件，e.1.6 要有医院，f.1.1 医疗条件，h.1.3 有好的医疗条件，i.1.18 要配上医疗，l.1.1 要有医疗机构，m.1.3 要有医院，m.1.6 靠近医院
有利于健康养生	a.1.3 对健康有帮助，c.1.1 有利于长寿，d.1.1 健康养生，g.1.1 健康养生，h.1.2 水质好，i.1.1 康是健康，i.1.2 养是休养、养生，i.1.3 健康的环境，i.1.4 健康的食物
生态气候环境好	b.1.1 环境好，b.1.2 气候好，c.1.2 环境比较好，c.1.3 气候比较好，c.1.4 气候暖和，d.1.2 环境好，d.1.4 花草比较多，f.1.3 空气要比较好，g.1.12 攀枝花气候好
人文环境和谐	e.1.3 大家相互信任，e.1.4 互相帮助，p.1.4 当地人厚道善良，q.1.3 觉得比较安全放心，r.11.5 希望大家共同营造幸福，R.11.6 主动维护环境秩序，r.11.7 希望大家开心，f.1.5 尊重每个人，f.1.6 尊重每个人

续表

范畴	初始概念
娱乐享受	k.1.7 要有娱乐，k.1.8 要有娱乐，k.1.9 设立专门图书室，k.1.10 要有文艺团队，k.1.11 三亚、北海的海滩处，各种团队都有，k.1.12 要有文娱活动，n.1.1 要有文娱活动
身心愉快	b.1.3 好要，e.1.2 比较高兴，g.1.2 去自己喜欢的地方，i.1.17 玩得好，j.1.11 哪里好玩就去哪里，j.1.6 比较自由，R.1.3 感觉挺轻松，R.1.4 玩得很轻松
服务态度好	f.1.4 服务态度好，i.1.23 老板大方，o.1.12 服务员太少，o.1.13 老板不错，o.1.15 有问题立即解决，p.1.5 老板没有只看利益，p.1.6 对顾客挺好，p.1.15 老板薄利，p.1.20 管理比较好，p.1.21 缺乏管理
各方面都好	e.1.1 对各方面都放心，e.1.5 各方面都方便，g.1.7 住的就是天时地利人和，i.1.22 大家都放心，l.5.8 各方面都比较好，M.1.7 真正的康养应该像普达，q.8.5 生活便利

4.1.2 主轴编码

开放式编码的主要任务在于发掘出概念，提炼出范畴。主轴编码（Axial Coding）的主要任务则是发掘出主范畴，就是在开放式编码提炼出范畴后，进一步发展范畴的性质和层面，发现范畴之间严密的逻辑联系。同时将各个范畴按照逻辑关系联结在一起，发现和建立范畴之间的内在逻辑联系。通过分析，笔者发现通过开放式编码得到的各个不同范畴在概念层次上存在内在联结。根据不同范畴之间的相互关系和逻辑次序，作者对各范畴进行进一步整理分类，归纳出 6 个主范畴。各主范畴代表的意义及其对应的开放式编码范畴如表 4-3 所示。

表 4-3 康养旅游内涵主轴编码形成的主范畴

类别	主范畴	范畴	范畴的内涵
客观环境条件因素	良好生活条件	吃住条件良好	餐饮能满足游客的需求，食材生态环保，菜品多样，营养丰富；住宿条件好，有家的感觉，保证游客良好的休息和睡眠
		交通条件便利	交通方便，选择自由，离家不太远，能够轻松到达
		设施设备齐全	居住地生活所必需的设施设备齐全，能够满足生活各方面的需要
	良好医疗卫生条件	医疗条件方便	距离医院较近，或设有小型医疗点，随时有医生可看病
		有利于健康养生	生活环境、生态环境和气候条件适于人居，有利于老年人身体健康，预防和减少疾病
	良好生态气候环境	生态气候环境优良	自然环境优美，空气质量好，冬天阳光充足，气候暖和，夏天凉爽舒适，空气湿度适中

续表

类别	主范畴	范畴	范畴的内涵
客观环境条件因素	和谐人文社会环境	人文社会环境和谐	当地民风淳朴,不排斥外来游客,治安状况良好。老板和游客关系和谐,游客之间相处融洽,相互关心,相互帮助,其乐融融
主观感知因素	精神愉悦	娱乐享受	娱乐设施齐全,娱乐场地充足,娱乐收费合理,娱乐活动组织适当,经常可以放松心情,享受精神食粮
		身心愉快	游得轻松,玩得愉快,心情放松,身心自由,感觉开心
	人性化服务	服务态度好	老板服务态度好,服务质量优良,旅游者生活在这里感觉温馨
		各方面都好	有家的感觉,各方面条件甚至比家里还方便,能让游客和家人放心

4.1.3 选择性编码

通过主轴编码阶段的反复对比分析,范畴与范畴之间的关系已经逐渐显露出来。选择性编码(Selective Coding)就是要进一步系统处理范畴与范畴之间的关系,从主范畴中挖掘出"核心范畴"(Core Category),分析核心范畴与主范畴及其他范畴之间的关联,并以"故事线"(Story Line)的形式描绘整体行为现象。本研究中,主范畴的典型关系结构如表4-4所示。

表 4-4　康养旅游内涵主范畴的典型关系结构

典型关系结构	关系结构的内涵	受访者的代表性语句
客观环境条件→康养旅游内涵	良好的生活条件、医疗卫生条件、生态气候环境与和谐人文社会环境是康养旅游消费者认知康养旅游的客观因素。	a.1.1 我自己感觉就是，康养除了吃、住、行以外（生活条件是康养旅游的基本保障），还有一个就是要有医生呐，还有一定的医疗条件。（医疗条件是康养旅游的重要保障） c.1.2 老年人，想要多活几年，要找一个环境比较好的，气候比较好的地方，一般老年人都比较怕冷，就喜欢找一个暖和的地方。（良好的自然气候环境是康养旅游的前提性条件）
主观感知因素→康养旅游内涵	精神愉悦和人性化服务是康养旅游消费者认知康养旅游的主观性因素。	g.1.2 康养旅游是大多对于老年人来说的，对于我来说呢，第一个就是去自己喜欢的地方。（精神愉悦是康养旅游的第一要素） k.1.8 除了正常的食住行和环境以外，还需要有精神上的要求——娱乐。（娱乐享受是康养旅游的重要内容） p.1.6 因此我就冲着他这边来的，我觉得他们是厚道善良，而且对顾客的话是很照顾的，很耐心，服务态度还是挺好的，我来说我就是喜欢这样的。（良好的人性化服务是康养旅游的主要魅力）

研究发现，组成康养旅游内涵的因素包括客观环境条件因

素和主观感知因素两部分,他们都是构成康养旅游的主要因素,两者相互作用,相互影响,共同构成了消费者心中的康养旅游的内涵特征,凝聚了康养旅游消费者对康养旅游共同的形象认识。以此"故事线"为基础,本研究建构了康养旅游内涵因素理论构架,我们称之为康养旅游内涵因素结构模型,即"客观环境条件—主观感知因素—康养旅游内涵"模型,如图4-1所示。

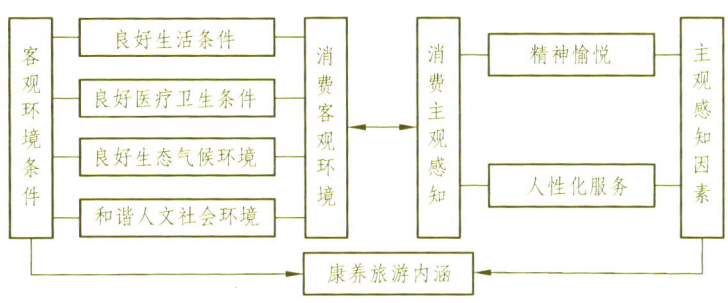

图4-1 康养旅游内涵结构模型

4.1.4 理论饱和度检验

理论饱和度检验是决定何时停止采样的鉴定标准,是指不可获得额外数据以使分析者进一步发展某一范畴的特征。为了确定数据的饱和度,本研究采取了连续比较的方法,在连续比较了22个访谈对象的访谈数据,没有发现新的范畴之后才停止采样。现列举其中具有代表性的几个受访者的访谈数据作为例证。

f.1.1—5:理想的康养旅游包含医疗条件(包含医疗条件——医疗条件方便);有护理人员,生活伙食要有分类(伙食要有分类——吃住条件良好);空气要比较好(空气比较好——生态气候环境优良);人员服务的态度要好(服务态度要好——服务态度好);目前这个地方对人还算可以,对每个人都很尊重(尊重每个人——人文社会环境和谐)。

h.1.1—6:首先,环境要好(环境好——生态气候环境优良);水质好(水质好——生态气候环境优良);毕竟老年人都有不同程度的疾病,所以要有好的医疗条件(要有好的医疗条件——有医疗条件);还有交通便利(交通便利——交通条件便利)。所以这些达到的话,就比较满意。攀枝花这边也挺好的,空气好(空气好——生态气候环境优良),设施好,才能吸引更多的人(设施好——设施设备齐全)。

o.1.5—7:你到了你基本上可以,只要你注意到,因为攀枝花还有个特点,它的气温,你只要掌握了这种情况呢,你在这里还是基本上不会生病(不会生病——有利健康养生),不会犯这些老毛病了啊。觉得还是可以,因为那里天天是阳光灿烂,空气比较好(空气好——自然环境优良)。再加上呢我们在乾隆山庄,它那个康养的环境还是比较好,它周围环境比较好(环境好——自然环境优良)。

p.1.4—5:我觉得他们那个地方,他们很厚道,真的很善良(当地人厚道——人文环境和谐)。所以他们没有把利益看得很重,我觉得他们这点很好(老板没有把利益看得很重——服务态度好)。

s.1.1—3:我认为只要对我们老年人身体健康方面有好处的旅游就是我们的目的(对老年人健康有好处——有利健康养生);比如冬天我们成都比较阴冷,雾霾又严重,所以我们就选择来攀枝花过冬,攀枝花的空气好(空气好——生态气候环境优良);阳光好(阳光好——生态气候环境优良)。

4.1.5 模型阐释和研究发现

根据上述康养旅游内涵的理论模型，康养旅游的内涵包含两个方面的内容，即客观环境条件因素和主观感知因素。客观环境条件因素包括良好的生活条件、良好的医疗卫生条件、良好的生态气候环境与和谐人文社会环境四个主范畴。主观感知因素包括精神愉悦和人性化服务两个主范畴。下面做具体的论述。

1. 良好的生活条件是康养旅游的基本内涵

康养旅游不同于一般的普通旅游，而是需要长时间（3个月以上）在某一个康养旅游目的地生活下去，其实是一种更高层次和更高水平的生活方式，因此，良好的生活条件就显得至关重要。良好的生活条件包括吃住条件良好、交通条件便利、设施设备齐全三个范畴。吃住条件良好是指旅游目的地的食宿不仅能够满足游客的基本生活需要，而且还要能够满足游客高品质、多层次的特殊生活需要，如食材要生态环保、菜品要多样化、营养要丰富、饭菜要卫生；住宿条件好，安静舒适，有家的感觉，能够保证游客良好的休息和睡眠。也就是要满足游客健康、环保的生活需要，但不需要达到奢侈豪华。在访谈中，受访者普遍强调良好生活条件的重要性，如 f.1.2 "理想的康养旅游生活伙食要有分类"；p.1.8 "我们要求不高，就是吃的比较环保一点"；i.1.16 "第五，住宿好"；p.1.7 "你说你对顾客的话，就是说有一种宾至如归的感觉"。可见，吃住条件良好对康养旅游消费者来说尤为重要，是康养旅游产业发展的重要基础性条件。这也体现了"康养旅游是由三个层次构成的一个逻辑整体，即康养物候基础、康养需要和诗意地栖居"（任宣羽，2016）。

但这仅说明了居住条件问题，没有研究饮食在康养旅游中的地位，本书将首次揭示良好的饮食条件对康养旅游发展的重要性。交通条件便利是指从游客家到达康养旅游目的地距离不能太远，要有直达的交通工具，交通工具要便捷舒适，而且要有自由选择的机会，能够轻松到达康养旅游目的地。还包括康养旅游目的地到周边的出行交通要便利。访谈中，受访者多次强调了交通问题，如 g.1.21 "坐飞机呢，我们不喜欢，因为程序太麻烦"；h.1.4 "还有交通便利"。可见交通便利在康养旅游中的重要性。以前还没有学者研究康养旅游中的交通问题，笔者通过研究发现，交通便利对康养旅游影响较大。设施设备齐全是指康养旅游居住地生活所必需的各种设施设备齐全，能够满足游客生活各方面的需要，游客在康养旅游目的地生活方便有保障。这三个范畴是康养旅游的基础性条件，是人类追求幸福的基本保障。但是在康养旅游中的地位和作用不一样，康养旅游消费者最关心的是良好的食宿条件，其次才是交通，然后是生活设施设备的配备。这与三者在日常生活中的地位相吻合，由此，进一步证明了康养旅游就是一种新的生活方式的研究观点。

2. 良好的医疗卫生条件是康养旅游的保障条件

王赵（2009）认为："康养旅游即健康旅游、养生旅游。"良好的医疗卫生条件包括医疗条件便利和有利健康养生两个范畴。医疗条件便利是指康养旅游目的地设置有小型医疗服务点，或者距离医院较近，方便找医生看病或买药。有利于健康养生是指康养旅游目的地的生活环境、生态环境和气候条件适于人居，有利于老年人身体健康、减少和预防疾病。康养旅游不同于其他的旅游，调查发现，目前中国参加康养旅游的消费者几乎全是退休的老年人。大多数老年人生活中离不开医生，因此，医疗服务对康养旅游消费者来说就显得格外重要。几乎所有的受访者都谈到了医疗条件问题，如a.1.2"还有一个就是要有医生呐，还有一定的医疗条件"；h.1.3"毕竟老年人都有不同程度的疾病，所以要有好的医疗条件"；j.1.10"这个地方的环境相当好，利于休养身心"。可见，医疗条件对康养旅游的发展至关重要，发展康养旅游产业必须要加大医疗卫生条件建设，建构良好的就医和养生环境。

3. 良好的生态气候环境是发展康养旅游的基础条件

自然环境优良是指康养旅游目的地的自然环境优美，空气质量良好，冬季阳光充足，气候温暖舒适，夏季气候凉爽，空气湿度适中。所有的康养消费者在访谈中都谈到了生态气候环境在康养旅游中的基础性地位。如c.1.1—3"一般是退休的人，老年人，想要多活几年，要找一个环境比较好的，气候比较好的地方"；c.1.4"一般老年人都比较怕冷，就喜欢找一个暖和的地方"；d.1.2"以康养的目的来说，第一个是环境"。可见，良好的生态气候环境对康养旅游发展的关键性作用。这与以往学者的研究结论一致，如"康养旅游是以良好的物候条件为基础的专项度假旅游"（任宣羽，2016）；"康养旅游应建立在自然生态环境、人文环境、文化环境基础上"（王赵，2009）。可见，良好的生态气候环境是发展康养旅游的前提条件，发展康养旅游必须要有良好的生态气候环境条件作为支撑。中国的攀枝花、三亚、秦皇岛正是因为有良好的生态气候环境条件，才成为中国康养旅游先发地和康养旅游示范区。

4. 和谐人文社会环境是康养旅游的激励因素

人文社会环境和谐是指康养旅游目的地的民风淳朴、不排斥外来游客、治安状况良好；老板和游客关系和谐，游客之间关系融洽，相互关心、相互帮助，其乐融融。康养旅游是一种新型旅居生活方式，彼此陌生的外来旅游者需要在康养旅游目的地长期生活，如果当地人文环境不和谐，治安状况恶化，当地人严重排外，游客与游客、与当地人、与老板之间的关系不融洽，自然谈不上幸福生活。因此，游客都非常注重当地的人文社会环境，注重与老板的关系。如 f.1.5—6 "目前这个地方对人还算可以，对每个人都很尊重，尊重每个人的意见"；p.1.5 "所以他们没有把利益看得很重，我觉得他们这点很好"。可见，人文社会环境对康养旅游消费者具有重大的影响，和谐的人文社会环境对康养旅游消费者具有较大的吸引力，对康养旅游的发展有积极的推动作用，反之，不良的人文社会环境则会阻碍康养旅游产业的发展。这也是本研究的一个重要发现。

5. 精神愉悦是康养旅游的深层体验因素

精神愉悦包括娱乐享受和身心愉快两个范畴。任宣羽（2016）认为康养旅游是"以旅游的形式促进游客身心健康，增强游客快乐，达到幸福为目的的专项度假旅游"。《国家康养旅游示范基地》(LB/T 051—2016) 将康养旅游定义为"使人在身体、心智和精神上都达到自然和谐的优良状态的各种旅游活动的总和"。这些都明确了游客身心愉悦在康养旅游中的中的重要性。受访者对康养旅游精神愉悦的表达更是简洁明晰，如 b.1.3

"好耍"；k.1.8"除了正常的食住行和环境以外，还需要有精神上的要求——娱乐"。这符合马斯洛的需求层次理论。该理论认为，人在满足了基本的生活需求后，必然要寻求精神上的满足。低层次的需要基本得到满足以后，它的激励作用就会降低，其优势地位将不再保持下去，高层次的需要会取代它成为推动行为的主要原因。康养旅游消费者退休前大部分都有较好的职业，有较强的经济消费能力，有良好的知识素养，因此，康养旅游一定要有丰富的精神内容，康养之旅一定要有良好的精神享受。以往的研究也讨论了游客的精神享受问题，但比较抽象。本书进一步将游客的精神享受分成了"好耍"和"娱乐"两个方面，对于康养旅游目的地的建设更具有指导价值。

6. 人性化服务是康养旅游的重要影响因素

人性化服务包括老板服务态度好和游客感觉各方面都好两个范畴，属于康养旅游更深次的价值体验。老板的服务态度和游客对各方面的综合感受，直接影响到消费者康养旅游体验的内心感受和消费后评价，进一步影响康养旅游消费者的重复消费行为。这与相关学者的研究结论一致。中西正雄（1984）在消费者行为研究中指出：外部信息的背景和框架影响消费决策。Shih（1998）指出价值观、生活方式、感知和形象是游客目的地决策行为的决定因素。纪峰（2018）也认为，旅游消费者对所购买旅游产品满意程度的评价，决定着其他购后行为。受访者也反复谈到了老板服务态度和综合感受对消费决策的影响，如p.1.6"我就冲着他这边来的，我觉得他们是厚道善良，而且对顾客的话是很照顾的、很耐心，服务态度还是挺好的，我来说我就是喜欢这样的"；g.1.7"我们这些老人出去住的就是天时地利人和"。可见，人性化服务对游客消费决策的影响重大，要想提升游客对康养旅游的深层价值体验的满意度，提高游客的重复消费率，必须要从游客的主观感受入手，不断改善生态环境、完善生活保障条件、转变服务态度、提升服务质量，让游客感受到全方位的优质服务。

4.2 康养旅游消费动机编码分析

旅游消费动机是实施旅游消费的源动力，旅游消费动机的内涵研究是学者最热衷的领域。保继刚（1987）首先对旅游动机、旅游消费行为进行了全面的描述性分析。Gnoth提出动机和期望形成过程模型来研究旅游消费心理（孙颖，2016）。还有学者专门研究了消费认知、消费动机与消费行为之间的关系。但是至今缺乏对消费者康养旅游消费动机的研究。由于康养旅游与普通旅游的差异，必然决定了康养旅游消费动机与普通旅游消费动机的不同。因此，有必要对消费者康养旅游消费动机进行系统深入的研究。

4.2.1 开放式编码

为了解康养旅游消费动机，笔者在每次深度访谈后，立即着手对访谈所获取的原始数据进行开放式编码，对原始访谈数据进行逐字逐句的分析，对其中可以编码的数据进行初始概念化。为尽量减少研究者个人的偏见、定见或其他不利影响，我们尽量使用被访谈人的原话（原汁原味的访谈者的口头语言）作为标签以从中发掘初始概念，这个部分的内容最终得到 90 条原始数据以及相应的初始概念。为了节省篇幅，我们仅节选了 30 余条原始语句及初始概念。表 4-5 为我们得到的关于消费者康养旅游动机的部分初始概念形成过程。

表 4-5　康养旅游消费动机初始概念形成过程

原始数据	初始概念
a.2.1 主要目的就是过日子	a.2.1 过日子
a.2.2 能对健康有好处	a.2.2 对健康有好处
b.2.1 主要是好耍	b.2.1 好耍
b.2.2 因为我平常在家里面自己买菜要去做饭，很恼火	b.2.2 不做家务
c.2.1 我的目的就是过来过冬的	c.2.1 来过冬
c.2.2 买菜做饭麻烦得很，过来了就吃现成的	c.2.2 生活方便
d.2.1 康养主要是为了健康	d.2.1 有利健康
d.2.2 我们在桂林环境也很好	d.2.2 环境很好
e.2.1 目的是我过得比较愉快	e.2.1 过得愉快
e.2.2 这个地方气候方面比较好	e.2.2 气候比较好
f.2.1 这边比较暖和	f.2.1 比较暖和
f.2.2 空气比较好	f.2.2 空气比较好
g.2.1 我们去攀枝花的目的是晒太阳过冬	g.2.1 晒太阳过冬
g.2.2 感觉比较和谐，心情愉快很重要	g.2.2 感觉和谐，心情愉快
h.2.1 对于我们老年人的身体有好处	h.2.1 对身体有好处

续表

原始数据	初始概念
h.2.2 出来广交朋友	h.2.2 广交朋友
i.2.1 康养旅游来躲冬天	i.2.1 躲冬天
i.2.2 冬天可以享受阳光浴	i.2.2 享受阳光浴
j.2.1 充实自己	j.2.1 充实自己
j.2.2 哪里好玩儿就去哪里待	j.2.2 找好玩的地方生活
k.2.1 我也是因为过敏	k.2.1 因为身体过敏
k.2.2 冬天有哮喘	k.2.2 冬天有哮喘
l.2.1 不给子女添麻烦	l.2.1 不给子女添麻烦
l.2.2 就是自己能够自立，能够独立地活动	l.2.2 自立
m.2.1 我达到目的很简单，一个是过冬	m.2.1 过冬
m.2.2 一年四季都是阳光明媚	m.2.2 阳光明媚
n.2.1 稍微干燥一点，就没有这样痛那样痛，我就觉得这个很舒服	n.2.1 为了身体健康
n.2.2 水果要对一点	n.2.2 水果好
o.2.1 找一个地方安安静静的	o.2.1 找个安静的地方
o.2.2 空气好	o.2.2 空气好
p.2.1 主要目的一个，是夏天成都太热了	p.2.1 避暑
p.2.2 一个目的是避暑	p.2.2 避暑
q.2.1 我们觉得应像候鸟一样，要投向适合自己的地方，不去吹空调，享受大自然的空气	q.2.1 找个适合的地方生活

续表

原始数据	初始概念
q.2.2 我们一类人出去至少都是夏天两个月冬天两个月	q.2.2 换个地方生活
r.2.1 好像这亲人走的这种痛好像一下子当时就缓不过来劲，缓不过来劲以后就去成都找孩子了	r.2.1 寻找亲情
r.2.2 就感觉自己的时间多了，可以去早晨可以去锻炼，其他的时间，休息完以后可以读书	r.2.2 生活更充实
s.2.1 为了自己身体健康	s.2.1 为了身体健康
s.2.2 少生病	s.2.2 少生病

上述环节获得的初始概念层次较低，数量比较庞杂，存在一定的交叉与重叠现象，为此，我们剔除了出现频次低于两次的初始概念，只保留了出现频次在三次及以上的概念，并将相关概念聚集在一起，提炼出概念的范畴。通过比较分析，并对概念进行重新归类，共归纳出 8 个范畴。为节省篇幅，仅列出了部分初始概念。各范畴对应的初始概念如表 4-6 所示。

表 4-6 康养旅游消费动机开放式编码范畴化

范畴	初始概念
轻松生活	a.2.1 过日子，b.2.2 不做家务，f.2.4 给人的舒适性好，j.9.11 把住地当成家，k.2.8 很难睡好，n.2.4 住得舒服，o.2.1 找个安静的地方，p.2.3 不想做家务，q.2.1 找个适合的地方生活，l.6.7 活得很轻松
同龄人一起开心生活	c.2.3 有熟人在一起，h.2.2 广交朋友，l.2.3 有很多老朋友，p.2.6 熟人结伴行，p.2.8 熟人多好要，p.2.5 有利于沟通交流，r.2.1 寻找亲情，l.5.7 出来是要增加朋友，l.5.9 喜欢跟老朋友们在一起

续表

范畴	初始概念
休养身心	a.10.4 目的是养身体，d.2.1 有利健康，h.2.1 对身体有好处，k.2.1 因为身体过敏，l.2.5 身体健康，n.2.1 为了身体健康，o.2.3 有利于身体健康，r.2.3 为了身体健康，s.2.1 为了身体健康
躲避寒暑	c.2.1 来过冬，i.2.1 躲冬天，m.2.1 过冬，o.2.5 过冬，p.2.1 避暑，i.5.7 躲冬天，m.5.4 夏天在成都，m.5.5 冬天到攀枝花、西昌
享受环境	d.2.2 环境很好，g.2.3 环境好、空气好，e.2.2 气候比较好，f.2.1 比较暖和，g.2.1 晒太阳过冬，k.2.11 空气好、环境好，m.2.2 阳光明媚，o.2.2 空气好，p.2.7 喜欢干燥的地方
玩得开心	b.2.1 好耍，d.2.4 玩的地方多，f.2.5 就是出去耍，j.2.2 找好玩的地方生活，j.2.3 游览，e.2.1 过得愉快，g.2.2 感觉和谐，心情愉快，g.2.4 心情愉快，h.2.3 心情愉快，l.2.4 心情愉快，p.2.9 生活开心
充实自己	j.2.1 充实自己，k.2.4 考察有意义的地方，r.2.2 生活更充实
不拖累家人	i.5.3 不增加子女负担，k.5.1 家人不受累，自己不受苦，l.2.1 不给子女添麻烦，p.2.4 不拖累子女；q.1.2 不给子女添麻烦，r.1.1 不同年龄看法不同，s.2.4 不给子女添麻烦

4.2.2 主轴编码

通过开放式编码发掘出概念、提炼出范畴后,就需要通过主轴编码(Axial Coding)发掘出主范畴。就是在提炼出范畴后,进一步发展范畴的性质和层面,使范畴的逻辑联系更加严密,同时将各个范畴联结在一起,发现和建立范畴之间的逻辑联系。通过分析,笔者发现通过开放式编码得到的各个不同范畴在概念层次上存在内在逻辑联结。根据不同范畴之间的相互关系和逻辑次序,作者对各范畴进行进一步归类,共归纳出 6 个主范畴,并归纳提炼为内在动机和外在动机两个类别。各主范畴代表的意义及其对应的开放式编码范畴如表 4-7 所示。

表 4-7 康养旅游消费动机主轴编码形成的主范畴

类别	主范畴	范畴	范畴的内涵
内在动机	幸福生活	轻松生活	离开城市的喧嚣,找个气候适宜,环境优美,人居和谐,安静舒适的好地方,把新驻地当成家,抛开家庭琐事,远离家庭烦恼,轻松自由,潇潇洒洒地生活
		和同龄人一起开心生活	和同龄朋友一起,或者来到一个同龄人聚集的地方,大家相互理解、互相关心、互相帮助,融洽地生活
	休养身心	休养身心	消费者寻找优良的环境,享受营养膳食、良好睡眠、适宜的气候、喜爱的娱乐,预防和减少疾病,促进身心健康,养颜健体、修心养性,提高生活质量

续表

类别	主范畴	范畴	范畴的内涵
内在动机	充实自己	充实自己	消费者通过考察有意义的地方，学习新知识，体验新的生活方式，与他人沟通交流，建构新的友谊，不断充实提高自己
	玩开心	玩得开心	寻找喜欢的地方，游览喜欢的环境，体验喜欢的活动，品尝喜欢的美食，玩得开心，心情愉悦
外在动机	享受自然	躲避寒暑	寻找气候宜人的住所，享受夏天的凉爽，冬天的暖阳
		享受环境	寻找空气清新，温度适宜，湿度适中，阳光明媚的环境，享受大自然赐予人类的美好
	照顾家人	不拖累家人	为家人着想，自给自立，自己照顾好自己，不给家人添麻烦，不增加家人的负担，家人不受累，自己不受苦

4.2.3 选择性编码

就是通过进一步系统研究范畴与范畴之间的关系，从主范畴中挖掘出"核心范畴"（Core Category），分析核心范畴与主范畴及其他范畴之间的内在联系，并以"故事线"（Story Line）的形式描绘整体行为现象。通过认真分析归纳，建构出本研究主范畴的典型关系结构如表 4-8 所示。

表 4-8　康养旅游消费动机主范畴的典型关系结构

典型关系结构	关系结构的内涵	受访者的代表性语句
内在动机→康养旅游消费	幸福生活、休养身心、充实自己、玩得开心是促进消费者康养旅游消费的内在动机	a.7.6 我主要在这边过日子,自由自在。(自由自在过日子是康养旅游的主要动机) h.2.1 我们的主要目的就是,比如说,冬天比较暖和的地方,对于我们老年人的身体有好处。(休养身体是康养旅游的主要动机) j.2.2 就自己开车出去,哪里好玩就去哪里待。(好玩是康养旅游的重要动机) j.2.3 就是趁着自己还能走的时光到处去旅游一下、看一下。(充实自己也是康养旅游的重要动机)
外在动机→康养旅游消费	享受自然和照顾家人是影响消费者康养旅游消费的外在动机	m.5.4—5 夏天我们就在成都这边过,我基本上在屋头大概两个多三个月的时间,基本上,我们每年的现在这些年,十多年来了都是这个样子,夏天在这边住,冬天就到攀枝花到西昌。(躲避寒暑是康养旅游的外来动力) l.2.1 主要目的就是说我们老了过后不给子女添麻烦。(不给子女添麻烦是康养旅游的重要动机)

上述研究发现,康养旅游的消费动机包括内在动机和外在

动机两个方面,两者相互影响,相互作用,共同建构了康养旅游的复杂消费动机。在主范畴典型关系结构的基础上,本研究建构了康养旅游消费动机理论,即"内在动机—外在动机—康养旅游消费动机"模型,如图4-2所示。

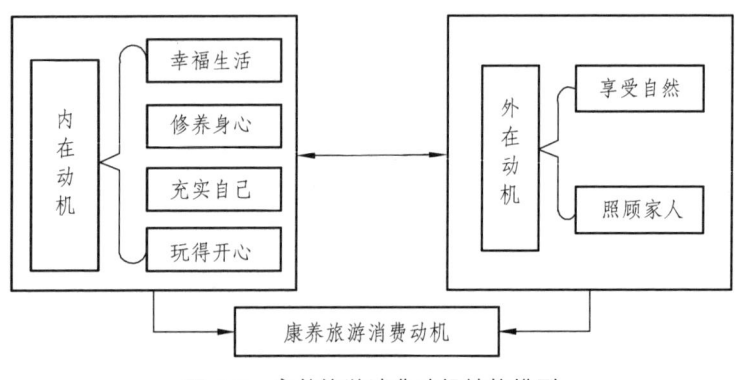

图4-2 康养旅游消费动机结构模型

4.2.4 理论饱和度检验

理论饱和度检验是决定是否停止采样的基本标准。为了确定数据的理论饱和度,本部分继续采取连续比较的方法,通过连续比较了22个访谈对象的访谈数据后,没有发现新的范畴,于是停止了继续采样。现列举其中具有代表性的几个受访者的访谈数据作为例证。

h.2.1:我们的主要目的就是,比如说,冬天比较暖和的地方,对于我们老年人的身体有好处。(对身体有好处——休养身心)

j.2.1—2:充实自己(充实自己——充实自己),平时在大城市里面生活,圈子也就只有这么大,基本上也就是约上朋友些一起去周边县上或者镇上玩玩,时间一久就很多地方都去过了。

如果说家里人都能走得开，就自己开车出去，哪里好玩儿就去哪里待（好玩儿——玩得开心）。

1.2.1—2：要目的就是说我们老了过后不给子女添麻烦（不给子女添麻烦——不拖累家人），就是自己能够自立，能够独立地活动（自己能够自立——不拖累家人）。

o.2.4：你就找一个环境、住宿条件，还有一个生活在那里的生活质量，这些条件好的。（换个好的环境过日子——轻松生活）

o.2.7：所以说我们呢就是说只要在自己的能力范围内，就是可以走动的情况下，我们还是要坚持到攀枝花去过冬。（过冬——享受环境）

4.2.5 模型阐释和研究发现

根据上述康养旅游消费动机的结构模型，康养旅游的消费动机包含两个方面，即内在动机和外在动机，内在动机与外在动机相互作用，共同构成了康养旅游消费动机的结构内涵。这和许多学者关于普通旅游消费动机的研究结果一致，如权小勇（2008）、范舟行（2015）、王红兰（2009）都认为旅游动机包含内部动机和外部动机两类。但是本书揭示的康养旅游消费动机的内涵与上述学者的研究结果有较大差异。本研究发现，内在动机由幸福生活、休养身心、充实自己和玩得开心四个主范畴构成，外在动机由享受自然和照顾家人两个主范畴构成。内在动机和外在动机相互作用，相互影响，共同形成了康养旅游消费动机的作用机制。下面对康养旅游的消费动机做具体论述。

1. 幸福生活是消费者康养旅游的目的性动机

幸福生活包括轻松生活和与同龄人一起开心生活两个范畴。轻松生活是指康养旅游消费者离开长期居住城市，远离城市的喧嚣，选择气候适宜、环境优美、人居和谐、安静舒适的宜居地，把新驻地当成自己的家，抛开家庭琐事，远离家庭烦恼，轻松自由，潇潇洒洒地生活。受访者几乎都认为，康养旅游就是为了轻松过日子，如b.2.2"这个地方的好处就跟我啥子安，因为我平常在家里面自己买菜要去做饭，很恼火，所以我在这个地方很满足"；c.2.2"买菜做饭麻烦得很，过来了就吃现成的"；o.2.4"你就找一个环境、住宿条件，还有一个生活在那里的生活质量，这些条件好的"。与同龄人一起开心生活是指康养旅游消费者和同龄朋友一起，或者来到一个同龄人聚集的地方，大家相互理解、互相关心、互相帮助，融洽地生活在一起。受访者多次谈到与同龄人在一起的吸引力，认为跟同龄人在一起是他们康养旅游的重要动机，如p.2.8"就是这样的，就是这个目的，其实其他没有什么，老人出来跟大家在一起群体里面好耍"；l.2.4"有很多的在康养者老人就比在家头养老的话就好得多，心情愉快"。可见，幸福生活是刺激消费者康养旅游的目的性原因，是否能够在康养机构幸福生活，对消费者康养旅游的影响至关重要，甚至是决定性的因素。其中轻松生活的影响更甚于与同龄人一起开心生活。几乎所有的受访者都认为康养旅游就是出来找个舒适的地方过日子，认为康养旅游就是为了追求更美好的生活。正因为如此，任宣羽（2016）认为"康养旅游作为一种实践活动，以追求幸福为目的"。在这里，幸福生活就是康养旅游消费者的理想和追求，是康养旅游消费者的目的性动机,是引起消费者康养旅游最重要的动力,消费者康养旅游的目的就是想要过"幸福生活"。根据需求层次理论,幸福生活属于康养旅游消费者自我实现的需要,这是人类最高层次的需要。这符合康养旅游就是"追求幸福生活"的定义。但梳理所有关于旅游消费动机的研究成果,都没有谈到幸福生活的观点,这正是康养旅游消费者与其他旅游消费者动机的不同所在,这也是本研究最重要的发现之一。

2. 休养身心是消费者康养旅游的主要动机

休养身心是指康养旅游消费者寻找优良的环境,享受营养膳食、良好睡眠、适宜的气候、喜爱的娱乐,减少疾病,养颜健体、修心养性,提高生活质量。大多数受访者都非常重视休养身心在康养旅游中的重要地位,如 h.2.1 "我们的主要目的就是,比如说,冬天比较暖和的地方,对于我们老年人的身体有好处";o.2.3 "对本人身体好这个就达到了目的了";s.2.1 "为了自己身体健康"。可见,消费者康养旅游的一个主要目的就是为了身体健康,为了休养身心。这也与王赵(2009)、任宣羽(2016)以及中国国家旅游局对康养旅游的定义是一致的,认为康养旅游就是以"身心健康为目的"的一种旅游。也和相关学者关于旅游动机的研究成果吻合,如王红兰(2009)认为家庭旅游的内部动机包括"身体健康动机"。蒋作明、陈大伟(2016)、杨艳华(2013)认为高校教师旅游动机包括"健康疗养"。这体现了康养旅游作为旅游的一个部分,其消费者与其他旅游者动机的共通之处。休养身心也是康养旅游者实现个人健康长寿的理想、抱负,发挥个人的能力到最大程度,也就是满足自我实现的需要。这也属于消费者最高层次的需要。

3. 充实自己是消费者康养旅游的重要动机

充实自己范畴的含义是指消费者通过考察有意义的地方，学习新知识，体验新的生活方式，与他人沟通交流，建立新的友谊，不断充实提高自己。充实自己本来就是外出旅游的重要内涵，外出旅游在放松、休闲的同时，能够很好地充实旅游消费者。这与相关学者的研究结果一致，如王红兰（2009）认为，家庭旅游内部动因包括"教育动机"。多位受访者在访谈中谈到了充实自己在康养旅游中的吸引力，如 j.2.1 "充实自己"。认为康养旅游的目的是充实自己。再如 j.2.4 "但是现在还是可以考察一些有意义的地方"；r.2.2 "就感觉自己的时间多了，可以去早晨可以去锻炼，其他的时间，休息完以后可以读书"。这也是康养旅游消费者与其他旅游者的消费动机的共通之处。充实自己是指康养旅游者希望自己更有实力、充满信心、能独立自主，为了获得更多的尊重，属于需求层次理论中较高层次的尊重的需要。

4. 玩得开心也是消费者康养旅游的重要动机

毫无疑问，旅游是为了开心，为了心情愉悦，提高生活质量，康养旅游也不例外。康养旅游消费者找到自己喜欢的地方，游览喜欢的环境，体验喜欢的活动，品尝喜欢的美食，玩得开心，心情愉悦。因此，玩得开心理所当然是康养旅游的重要内容。受访者普遍认为，康养旅游的目的就是要玩得开心，哪里玩得开心就到哪里去康养旅游，如 e.2.1 "目的是我过得比较愉快"；g.2.2 "第二个原因是我们要去的那个地方，感觉比较和谐，心情愉快很重要"；j.2.2"就自己开车出去，哪里好玩儿就去哪里待"。这些都表明了"玩得开心"是消费者康养旅游的重要动机，是引起消费者践行康养旅游的重要内动力。虽然如此，到目前为止，还没有研究成果明确提出"玩得开心"是旅游的重要动机，仅有相关学者提出了类似的看法，如王红兰（2009）认为家庭旅游内部动因包括"休闲放松动机"；蒋作明、陈大伟（2016），杨艳华（2013）发现高校教师旅游动机包括"价值实现、炫耀展示"。这也符合本书在文献回顾阶段的发现，即虽然旅游动机的内涵研究是学者最热衷的领域，但由于目前主要采取实证研究的方式，集中于探索不同消费群体的消费动机的构成，对消费动机产生的深层心理根源缺乏研究。因此，这一点也是本研究的一个重要发现。玩得开心是旅游者物质满足基础上的精神享受，属于消费者自我实现的范畴，因此也是属于消费者需求层次中最高层次的需求。

5. 享受自然是消费者康养旅游的初始性动机

包括躲避寒暑和享受环境两个范畴。躲避寒暑是指康养旅游消费者寻找气候宜人的住所，享受夏天的凉爽，冬天的暖阳。这是消费者康养旅游的原始动机。几乎所有的受访者都谈到了躲避寒暑的问题，认为康养旅游就是为了躲避寒暑，只有找到冬暖夏凉的地方生活，才算是康养旅游。部分康养旅游者为了躲避寒暑，甚至长期成为候鸟游客，冬季就流向气候比较暖和的攀枝花、三亚等地过冬，夏季则进入成都周边大山，或者深入贵阳、昆明等地避暑，如c.2.1"我的目的就是过来过冬的"；i.2.2"对于攀枝花的阳光，冬天可以享受阳光浴，这样太美了，就是这个目的";m.5.4—5"夏天我们就在成都这边过,我基本上在屋头大概两个多三个月的时间,基本上,我们每年的现在这些年,十多年来了都是这个样子,夏天在这边住,冬天就到攀枝花到西昌"。享受环境是指寻找空气清新,温度适宜,湿度适中,阳光明媚的优美自然环境,享受大自然的美好。绝大多数旅游者在谈到躲避寒暑的同时,都希望要有良好的自然环境,如 g.2.3"那些环境不好,空气差的地方就不想去";f.2.2—5"空气比较好,天气也比较好,给人的舒适性就比较好,其他没啥子,就出去耍的目的";m.2.2—5"攀枝花我们住那个地方,一年四季都是阳光明媚,瓜果水果飘香,晴空万里,那里确实环境很不错"。调查发现,攀枝花之所以成为全国康养"圣地",不仅因为那里冬季暖和,还因为攀枝花环境优美,空气清新,经常艳阳高照。这在受访者的访谈数据中明确反映了出来。所有到过攀枝花康养旅游的受访者都表示,到攀枝花、海南等地康养旅游,就是因为这些地方的气候和环境良好。攀枝花也主要是以优越的气候特征和良好的自然环境为核心资源发展生态康养,并提出了六度理论,即以温度、高度、湿度、洁净度、绿化度、优产度作为支撑发展阳光康养产业,打造了攀枝花冬季康养胜地的品牌形象。可见,享受优美的自然环境在康养旅游者心中的具有无可替代的重要分量。享受自然特别是躲避寒暑是康养旅游与其他旅游的重要差异,这也是本书通过第二部分的研究,认为康养旅游区别于国外的健康旅游的重要内容。享受自然是消费者避免疾病的侵袭、延年益寿等方面的需要,属于安全层次的需要。目前,相关旅游动机的研究成果虽然有类似"休闲放松"的结论呈现,但皆没有明确提出"享受自然"

的观点,享受自然动机是康养旅游者区别于普通旅游者的主要动机,这一发现也是本书研究的又一个重要成果。

6. 照顾家人是消费者康养旅游的特殊动机

是指康养旅游消费者为家人着想,自给自立,自己照顾好自己,不给家人添麻烦,不增加家人的负担,家人不受累,自己不受苦。这是中国传统美德"尊老爱幼"在现代生活中的生动体现。在访谈中,多位访谈者明确提出自己外出康养旅游的一个重要目的就是为了"不拖累子女""不给子女添麻烦",如l.2.1"主要目的就是说我们老了过后不给子女添麻烦";i.5.3"我们管好了自己不给你们增加负担,不给你们增加麻烦是最好的";k.5.1"家人不用受累了,你也不受苦了"。可见,照顾家人,不拖累家人也是中国消费者参与康养旅游的一个特殊动机,对康养旅游消费者做出康养旅游的选择具有重要影响。为了照顾家人,不给家人添麻烦而出去旅游,这是中国父母表达感情的一种特殊方式,属于父母情感需要的一种特殊表现形式。目前,相关旅游动机的研究成果还没有"照顾家人"的说法,照顾家人动机是康养旅游者区别于普通旅游者一个非常鲜明的动机,这一动机的出现,进一步凸显了康养旅游与其他旅游形式的区别,也为康养旅游添上了一层温馨的色彩。这一研究成果是本研究的又一个重要发现。

上述分析可知,消费者康养旅游消费的动机主要是为了自我实现需要和尊重需要,其次是情感需要和安全需要。具体见表4-9。

表 4-9 康养旅游消费动机结构层次

需求层次	康养动机					
	幸福生活	休养身心	充实自己	玩得开心	享受自然	照顾家人
自我实现需要	✓	✓		✓		
尊重需要			✓			
感情需要						✓
安全需要					✓	
生理需要						

本研究再次证明了现有研究成果，如任宣羽（2016）认为"康养旅游是以良好的物候条件为基础，以旅游的形式促进游客身心健康，增强游客快乐，达到幸福为目的的专项度假旅游"。国家旅游局定义康养旅游是"使人在身体、心智和精神上都达到自然和谐的优良状态的各种旅游活动的总和"。老年人由于年龄和身体原因，对良好的物候条件的需要比普通人更为迫切，特别是寒冷的冬天和炎热的夏季，都不利于老年人身体健康。因此，凡是有条件的老年人，都希望找到冬暖夏凉之地躲避寒暑，减少疾病，延年益寿。所以，安全需要即享受自然是消费者康养旅游的初始动机，也是康养旅游发展的基础条件。随着改革开放和经济市场化的深入，中国年轻人的压力越来越大，特别是独生子女家庭，一对夫妻往往要照顾四个老年人。因此，很多老年人出于对子女的爱护，选择到条件较好的康养机构进行康养旅游，"不给子女添麻烦"也成了中国老人康养旅游的动机之一。消费者进行康养旅游的主要动机是自我实现需要和尊

重需要，属于需求层次理论中的高级需要，这符合康养旅游消费人群的身份特征。由于康养旅游消费者多是退休前有较高的社会地位，较强的经济消费能力的管理干部或专业技术人员或其家属，他们的物质需要早已满足。根据需求层次理论，个体某一层次的需要相对满足了，就会向高一层次发展，追求更高一层次的需要就成为驱使行为的动力。相应地，获得基本满足的需要就不再是一股激励力量。因此，在良好的物候条件（享受自然）基础上，自我实现和尊重需要就成为康养旅游消费者最主要的动机。上述研究可知，消费者实施康养旅游主要是为了满足较高层次的精神和生活需要，这一发现进一步证实了康养旅游是一种高品质、高层次的旅居生活方式的结论。

康养旅游信息渠道和可信性编码分析

信息是决策的前提和基础。计划行为理论认为，人是理性行动的，并通过系统地利用可获得信息来决定是否采取行动。不管做出何种决策，首要工作就是要大量收集和处理相关信息。信息的收集和处理主要涉及信息的获取渠道和信息的可信性问题。旅游信息的收集和处理是旅游消费决策的关键环节，信息的收集处理工作做得好，决策才有可能科学可行，信息收集不全面，收集的信息不可靠，就有可能做出片面甚至错误的决策。正因为如此，国内外学者都高度重视旅游消费信息的研究。旅游消费信息的研究是研究旅游消费的重要内容。关于旅游消费信息的研究，笔者文献回顾部分做了系统的梳理。研究发现，近年来，国内外学者关于旅游信息的研究主要集中在旅游信息的来源渠道和信息的可信性两个方面，虽然取得了一定的研究成果，但研究方法相对单一，研究不够深入，甚至研究成果还有相互冲突之处，特别是缺少对康养旅游消费信息的研究。笔者将从消费者的角度，采用扎根理论的方法，系统探索康养旅游信息的获取渠道及可信性问题，弥补康养旅游研究的缺陷与不足。

5.1 开放式编码

为了系统了解康养旅游消费者获取信息的渠道和对信息的可信性的看法。本研究首先对深度访谈所收集的原始数据进行开放式编码（Open Coding），对访谈中所获取的一切可以编码的内容进行概念化标签，将资料概念化。编码时，首先对原始访谈数据进行逐字逐句的分析，对可以编码的数据进行初始概念化。为了尽量减少研究者个人的主观偏见、定见或者其他不利影响，本书全部使用被访谈人的原话（原汁原味的访谈者的口头语言）作为标签以从中发掘初始概念。通过初步分析，共得到 104 条原始数据以及相应的初始概念。为了节省篇幅，我们仅节选了 30 余条原始语句以及初始概念。表 5-1 为我们得到的关于康养旅游内涵的部分初始概念的形成过程。

表 5-1 康养旅游信息渠道和可信性初始概念形成过程

原始数据	初始概念
a.3.1 一个就是网上搜到	a.3.1 网络信息
a.3.2 二个就是同学啊、朋友啊介绍情况	a.3.2 熟人介绍
b.3.1 我的亲家、亲家母在海南叫我去	b.3.1 亲戚介绍
b.3.2 我有一个亲戚就是我爱人的表姐，我听说过攀枝花，所以我就联系	b.3.2 亲戚介绍
c.3.1 就是我的同学告诉我的	c.3.1 同学告诉
c.3.2 他也感到这个地方环境好啊	c.3.2 环境好
d.3.1 老公的同学介绍的	d.3.1 熟人介绍
e.3.1 可以通过网络来查询	e.3.1 网络查询
e.3.2 我个人是通过朋友了解的	e.3.2 朋友介绍
f.3.1 我的孩子有个同事在这里住过	f.3.1 孩子同事告诉信息
f.3.2 我媳妇儿又在网上给发了这边的图片	f.3.2 儿媳妇推荐
g.3.1 朋友口传	g.3.1 朋友口传
g.3.2 微信上	g.3.2 微信信息
h.3.1 通过朋友介绍的	h.3.1 朋友介绍

续表

原始数据	初始概念
h.3.2 其他渠道就是通过手机上	h.3.2 通过手机网络获取信息
i.3.1 我就觉得老年痴呆对于现在和以后来说老年痴呆可以防治	i.3.1 防治老年病
i.3.2 我问我妹夫,他花了5万块钱去了一个康养地方	i.3.2 亲戚告诉信息
j.3.1 微信、今日头条等网络信息	j.3.1 微信、今日头条等网络信息
j.3.2 还有听别人讲	j.3.2 听别人讲
k.3.1 我们有朋友的	k.3.1 朋友介绍
k.3.2 我跟你说有油烟腥气,我很恼火	k.3.2 不喜欢油烟腥气
l.3.1 我们是通过朋友的介绍	l.3.1 朋友介绍
l.3.2 现在的话从网上就可以	l.3.2 网上就可以
m.3.1 一个是靠熟人靠朋友	m.3.1 靠熟人靠朋友
m.3.2 是农业区没得高烟囱	m.3.2 喜欢农业区没有工业污染
n.3.1 前两年过年跑去攀枝花要了,觉得这个气候好	n.3.1 以前旅游体验信息
n.3.2 我们孃孃①她们就提前在那边去要了,打电话就跟我们说	n.3.2 当地亲戚告知
o.3.1 小孩呢就提议要我们到海南去	o.3.1 小孩推荐海南
o.3.2 海南太远了不方便	o.3.2 太远不方便
p.3.1 同学	p.3.1 同学
p.3.2 战友	p.3.2 战友

---

① 孃孃:四川方言,泛指年长女性,如姑母或姨母等。

续表

原始数据	初始概念
q.3.1 后来认识更多的朋友,也就是你朋友越多,相互了解就越好	q.3.1 朋友相互传递信息
q.3.2 因为就信息都越多,你想了解的信息就越全面和容易,随便哪个都要说啥,你在哪里都会去哪里,大家的信息都是共享	q.3.2 朋友相互传递信息
r.3.1 好像是朋友,因为朋友们去互相去玩,完了以后听朋友那样去说	r.3.1 听朋友说
r.3.2 我是通过朋友,因为我的性格不是很主动的人	r.3.2 朋友劝说
s.3.1 我们是通过朋友介绍到攀枝花的	s.3.1 朋友介绍
s.3.2 自己又亲自去体验了的	s.3.2 自己又亲自体验

从上表可知,开放式编码获得的初始概念层次比较低,数量比较庞杂,甚至还有一定的交叉和重叠现象。为了提高初始概念的质量,我们剔除了出现频次较少(频次低于两次)的初始概念,仅仅保留了出现频次在三次及以上的概念。然后将相关概念聚集比较,提炼出概念的范畴。通过连续比较分析,并对概念进行重新归类,本研究共归纳出6个范畴。为节省篇幅,仅列出了部分初始概念。各范畴对应的初始概念如表5-2所示。

表 5-2　康养旅游信息渠道和可信性开放式编码范畴化

范畴	初始概念
熟人介绍	a.3.2 熟人介绍，b.3.1 亲戚介绍，c.3.1 同学告诉，d.3.1 熟人介绍，e.3.2 朋友介绍，f.3.1 孩子同事告诉信息，g.3.1 朋友口传，h.3.1 朋友介绍，i.3.2 亲戚告诉信息，j.3.2 听别人讲，k.3.1 朋友介绍，n.3.2 当地亲戚告知，o.3.3 在康养地居住过的同事，p.3.1 同学，q.3.4 跟着朋友走，R.3.1 听朋友说，s.3.1 朋友介绍
互相分享信息	n.3.4 以前来过，s.3.2 自己又亲自体验，p.3.4 向他人推荐信息，k.7.10 相互分信息，p.6.7 带领朋友康养，q.3.1 朋友相互传递信息，q.3.2 朋友相互传递信息
网络信息	a.3.1 网络信息，e.3.1 网络查询，g.3.2 微信信息，h.3.2 通过手机网络获取信息，j.3.1 微信、今日头条等网络信息，l.3.2 网络信息，l.3.6 更希望通过网络获取信息
传统媒介	g.3.3 电视宣传，i.3.4 电视宣传，m.3.5 报纸上信息，m.3.6 看报纸后再托人打听
康养机构推介	i.3.3 康养机构介绍，q.3.3 养老中心推荐，h.3.3 街上传单推介
更相信熟人	a.3.3 更相信熟人，e.3.3 更相信朋友信息，f.3.3 最信任儿媳妇，g.3.6 更相信朋友，h.3.4 更相信朋友介绍，g.3.5 相信口传，j.3.4 相信朋友介绍，q.3.5 相信康养同伴信息，s.3.3 更相信亲自体验

5.2　主轴编码

经过开放式编码发掘出初始概念后，继续进行主轴编码，即进一步发掘出主范畴，发展范畴的性质和层面，使范畴的逻辑联系更加严密,并且将各个范畴联结在一起,发现和建立范畴之间的逻辑联系。通过连续比较分析,笔者发现了通过开放式编码得到的各个不同范畴在概念层次上存在的内在联结。根据不同范畴之间的相互关系和逻辑次序,笔者对各范畴进行进一步的比较和归类,归纳出 4 个主范畴。各主范畴代表的意义及其对应的开放式编码范畴如表 5-3 所示。

表 5-3 康养旅游信息渠道和可信性主轴编码形成的主范畴

类别	主范畴	范畴	范畴的内涵
熟人渠道	熟人介绍	熟人介绍	消费者通过亲戚、朋友、同学、同事、战友等多种熟人渠道,获取康养旅游消费信息,或者自己的小孩获取信息后转告父母
		互相分享信息	消费者或者其熟人、朋友在获取康养旅游相关信息后,主动将自己获知的信息进行分享
网络媒体渠道	网络媒体推介	网络信息	消费者通过微信、今日头条等网络途径,获取康养旅游消费的信息
		传统媒体	消费者通过电视节目,报纸等传统媒介,获取关于康养旅游的消费信息
商业渠道	康养机构推介	康养机构推介	康养旅游企业或者中介机构为了康养旅游产业的发展,制作并主动向他人宣传推介关于康养旅游的相关信息
信息可信性	更相信熟人	更相信熟人	消费者认为通过熟人获取的信息更可靠,而通过网络媒体获取和通过商业机构推介的信息往往有夸大或不实的嫌疑,因此更相信通过熟人获取的康养旅游信息

5.3 选择性编码

本书通过认真分析范畴与范畴之间的关系,从主范畴中挖掘出"核心范畴"(Core Category),进一步分析核心范畴与主范畴及其他范畴之间的联系,并以"故事线"(Story Line)的形式描绘整体行为现象。通过分析,本研究主范畴的典型关系结构如表5-4所示。

表5-4 康养旅游信息渠道和可信性主范畴的典型结构关系

典型关系结构	关系结构的内涵	受访者的代表性语句
熟人渠道→康养旅游信息	熟人渠道是消费者获取康养旅游信息最主要的渠道,而且是消费者最信任的信息渠道	a.3.2 二个就是同学啊、朋友啊介绍情况,我在这里来主要是我一个同学介绍的。(熟人渠道是消费者获取信息的主要渠道) p.3.4 后来我当导游了,我就给他们介绍好多家人去。(熟人之间分享信息也是消费者获取康养旅游信息的重要渠道) h.3.4—5 更相信朋友的介绍,因为是他亲身体验的地方,它的优点、缺点啊,他自己亲身体验了的,比如网上的都不是很那个,都是朋友介绍。网上的都没去。(更相信熟人渠道,网络信息还需要亲身体验)

续表

典型关系结构	关系结构的内涵	受访者的代表性语句
网络媒体渠道→康养旅游信息	网络媒体渠道是消费者获取康养旅游信息的辅助渠道	a.3.1 一个就是网上搜到。(网络是消费者获取信息的辅助渠道) m.3.6 我就是看到报纸以后,我们就托人到那里去的。(传统媒体也是消费者获取信息的一个辅助手段)
商业渠道→康养旅游信息	商业渠道也是消费者获取康养旅游信息的辅助渠道	q.3.3 有一个是从贵州来的,他是通过养老中心得的信息。(商业渠道是消费者获取信息的一个来源) h.3.3 街上有些传单啊!然后自己去体验嘛!(商业渠道是消费者获取信息的一个辅助渠道)

上述研究发现,消费者获取康养旅游信息的渠道主要包括熟人渠道、网络媒体渠道、商业渠道三个方面,其中熟人渠道是消费者获取康养旅游信息最主要的渠道,网络媒体渠道和商业渠道也对消费者获取康养旅游信息起到了辅助作用,但是消费者很难相信或者不完全相信网络媒体信息和商业信息,更愿意相信通过熟人获取的信息。在此基础上,本研究建构了康养旅游消费信息渠道及可信性结构模型,如图5-1所示。

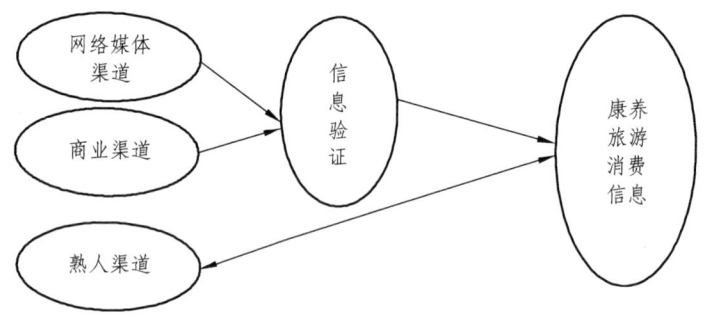

图 5-1 康养旅游信息获取和可信性结构模型

5.4 理论饱和度检验

理论饱和度检验是决定何时停止采样的鉴定标准。为了确定数据的理论饱和度，本部分继续采取连续比较的方法，在连续比较了 22 个访谈对象的访谈数据以后，没有发现新的范畴产生，才停止了采样。现列举其中具有代表性的几个受访者的访谈数据作为例证。

g.3.1—3：获得信息的渠道很多，比如朋友口传（朋友口传——熟人介绍），微信上，微信的朋友圈也可以看到（微信朋友圈信息——网络信息），电视上也有宣传（电视宣传——传统媒体），但是我们不相信电视上说的（不相信电视——信息可信性）。

h.3.1—3：我们是通过朋友介绍的（朋友介绍——熟人介绍）。其他渠道就是通过手机上（手机信息——网络信息），街上有些传单啊（街上的传单——康养机构推介），然后自己去体验嘛（自己去体验——信息可信性）。

j.3.1—2：现在还是比较关心这个方面的。比如说微信、今日头条等网络信息（微信、今日头条信息——网络信息），还有听别人讲（听别人讲——熟人介绍），他们去了哪些地方，在哪些地方待过，然后大家一起聊聊。

m.3.5—6：还有其他看到那些报纸上的嘛（报纸信息——传统媒体），《华西都市报》登了的，是赵书记喊到攀枝花晒太阳，我就是看到报纸以后，我们就托人到去那里去的（托人去核实信息——信息可信性）。

q.3.1：最先我们是直接出去，后来认识了更多的朋友，也就是你朋友越多，相互了解就越好（朋友互相分享信息——互相分享信息），对不对？因为就信息都越多，你想了解的信息就越全面和容易，随便哪个都要说啥，你在哪里都会去哪里，大家的信息都是共享，所以说我都觉得这种渠道很好。

5.5 模型阐释和研究发现

从上述分析可知，消费者获取康养旅游信息的渠道主要有三个主范畴，即熟人渠道、网络媒体渠道和商业渠道。这与消费者购买决策理论（Consumer Buying Decision Theory）关于信息来源渠道的界定基本一致，只是"经验来源渠道"表现不明显。在所有受访谈者当中，只有两人谈到了经验来源，其中一人是年轻时在攀枝花工作过，知道攀枝花的环境气候，另一人是从报纸上知道了相关信息，然后亲自考察体验。由于出现频次少于三次，没有被归纳入获取信息的渠道范畴。这也与康养旅游属于稀缺商品、康养旅游目的地一般离家较远、不易亲自前往体验有关系。根据上述消费者康养旅游信息获取渠道和可信性结构模型，消费者获取康养旅游信息的范畴包括熟人渠道、网络媒体渠道和商业渠道，其中网络媒体渠道和商业渠道属于辅助渠道，消费者通过网络媒体或者商业渠道获取相关信息以后，还要通过其他途径或者亲自体验的形式对信息进行验证，验证属实后才作为康养旅游消费决策的信息依据。熟人渠道是消费者获取康养旅游信息的主要渠道，消费者绝大多数信息来源于熟人介绍或者熟人之间的相互交流，并且对通过熟人获取的信息比较信任。这与已有的研究成果观点基本一致。下面对消费者获取康养旅游信息的渠道和可信性做具体的论述。

1. 熟人渠道是消费者获取康养旅游信息最主要的渠道

熟人渠道不仅是消费者获取康养旅游信息最主要的渠道，而且是消费者最信任的信息获取渠道。熟人渠道包括熟人介绍与消费者之间互相分享信息两个范畴。熟人介绍是指消费者通过亲戚、朋友、同学、同事、战友等各种相互熟悉的人，获取康养旅游的相关信息，或者成年子女获取信息后转告自己的父母。熟人介绍是消费者获取康养旅游信息最主要也是消费者最信任的渠道。这与普通旅游消费者对获取信息的可信性研究结果一致，如刘小同（2017）认为，对主题公园旅游消费者获取信息渠道起主导作用的是亲朋介绍。在访谈过程中，康养旅游消费者绝大部分都表示，他们是通过熟人介绍获取信息，并且非常相信熟人提供的信息，如 e.3.2"我个人是通过朋友了解的，我有朋友在攀枝花,他介绍我过来的";e.3.3"在这些渠道中我更相信朋友的介绍,因为毕竟他在这里待过";l.3.7"老年人一般来说,都不一定得通过网络,都是通过子女啊,或者是朋友介绍";q.3.5"所以我觉得都是这些朋友的信息,也可以采取朋友的建议,一般我们都在一起过了,也至少都是两个月在一起,所以说大家他们说的信息都还挺可靠"。可见熟人渠道在康养旅游消费者获取信息过程中的重要性。消费者相互分享信息是指消费者相互之间在获取康养旅游相关信息后,主动将自己获知的信息分享给他人。这也是消费者获取康养旅游信息的一条重要渠道。在访谈中,受访者多次谈到相互分享信息的重要性,如k.7.9"朋友些在群里头也发一条信息,你们哪些要到哪儿去的,有啥子需要注意,所以我们了解的途径很多,大家相互分享就了解齐了";q.3.2"因为就信息都越多,你想了解的信息就越全面和容易,随便哪个都要说啥,你在哪里都会去哪里,大家的信息都是共享,所以说我都觉得这种渠道很好"。这与其他特殊群体的消费者获取旅游信息的渠道有很大的不同,如徐锦雅(2017)认为在校大学生获取旅游信息最常用的渠道是互联网等媒介,其次是通过同学朋友推荐以及通过自己了解旅游信息;纪峰(2018)认为旅游消费者最信任的是个人经验,其次是个人来源,再次是公共来源,最后才是商业来源。这个结果是本研究的一个重要发现,对康养旅游企业制定营销策略具有重要的指导意义。

2. 网络媒体渠道是消费者获取康养旅游信息的辅助渠道

网络媒体渠道包括网络信息和传统媒体两个范畴。网络信息是指消费者通过微信、今日头条等网络媒体，获取康养旅游消费信息。传统媒体是指消费者通过电视节目、报纸等传统媒体，获取康养旅游的相关信息。通过访谈发现，网络媒体渠道是中国老年人获取康养旅游信息的途径之一，但是使用网络媒体获取康养旅游信息的消费者并不多，而且对通过网络媒体获取的康养信息大多都持谨慎的态度，认为网络媒体信息不太真实，或者有夸大宣传的嫌疑，因此需要通过信息验证后才能相信，如 g.3.1—4 "获得信息的渠道很多，比如朋友口传、微信上，微信的朋友圈也可以看到，电视上也有宣传，但是我们不相信电视上说的，我们宁愿相信口传，因为电视上宣传广告成本比较高，给人感觉不真实，我们不太相信"；h.3.5 "比如网上的都不是很那个，都是朋友介绍。网上的都没去"。可见网络媒体信息对吸引消费者康养旅游消费的作用不大，仅仅起到了辅助性的作用。这与现有研究成果观点一致。如 Aronson, Turner, 和 Carlsmith 的研究发现，信息源可信性的高低，对改变人们看法的影响，存在显著差别（邱扶东，2007）。这与中国老年人对网络不熟悉、不善于利用网络的现实状况吻合。据 2021 年 2 月中国互联网络信息中心（CNNIC）在京发布的第 47 次《中国互联网络发展状况统计报告》显示，我国 60 岁以上的老年人上网比例仅有 11.2%。[①]这也与其他旅游群体获取信息的渠道有所区别。这一结论也是本研究的一个重要发现，对康养企业选择恰当的营销媒介具有重要的指导作用。

---

① 资料来源：https://www.sohu.com/a/448447638_161795，2021-07-31。

3. 商业渠道也是消费者获取康养旅游信息的辅助渠道

康养机构推介是指康养旅游企业或者相关中介机构为了康养旅游产业的发展,制作并主动向他人宣传推介康养旅游相关信息。调查发现,通过商业渠道获取康养旅游信息的游客较少,q.3.3"有一个是从贵州来的,他是通过养老中心得的信息";h.3.3"街上有些传单啊! 然后自己去体验嘛"。可见,消费者对通过商业渠道获取的康养旅游信息也持谨慎态度。消费者对通过康养机构获取的康养旅游信息,往往要通过信息验证后才相信。这个结果与中西正雄(1984)的观点一致,他认为"外部信息的背景和框架,影响消费决策"。老年人对康养机构推介的信息持谨慎态度,这也是符合老年人做事谨慎、稳重,考虑问题周全的特征。另外,与一般旅游项目相比较,康养旅游作为一种新的生活方式,对消费者的影响往往更大。康养旅游消费者需要在一个新的环境下长期生活,选择结果的好坏对老年人的生活至关重要,因此需要特别冷静、谨慎决策。Walster, Aronson 和 Abrahams(1966)的实验也证明,信息可信性的一个影响因素,是信息源发出的信息和他们代表的利益是否一致。因此,康养企业需要大力提高自己的声誉,提高自己在消费者心中的可信性,正如 Kardes(1999)指出,信息可信性的一个影响因素,是信息源的声誉。最有效的信息源,是可信性高的信息源,即是那些专业的、可靠的信息传播者(邱扶东,2007)。牟海鹰等人(2001)指出,名人效应有助于增强人们对广告等宣传的注意,可以提高企业形象和对商品的积极评价。因此,康养企业有必要借助名人效应等多种手段,提升康养旅游信息的可信性,增强信息的说服力,这一发现对康养旅游企业的营销具有很强的指导性。

康养旅游消费决策影响因素编码分析

影响因素研究一直是旅游消费决策研究的重要内容。西方关于旅游消费决策影响因素的研究始于20世纪末，主要使用实证主义方法，发掘和划分旅游消费决策影响因素，研究影响因素对旅游消费决策行为影响的过程，并通过定性建立旅游决策行为模型。研究结论认为：不同的影响因素，有的对旅游消费决策有激发作用，有的发挥抑制作用。大陆学者对这个问题的研究始于20世纪80年代，主要采用定性分析方法研究心理因子和地理变量对旅游消费决策的影响。21世纪以后，部分学者开始针对个别要素进行深入研究，并尝试建构旅游消费决策行为模型，部分学者开始研究特殊群体旅游决策行为的特征和影响因素，以量化方法研究外部影响因素为主，并尝试把研究成果用于指导旅游业的发展，但缺乏对康养旅游消费者消费决策影响因素的研究。康养旅游是一种新型的旅游方式，消费决策影响因素对消费者康养旅游消费决策影响深远。本研究借鉴现有研究成果，将从激励因素和抑制因素两方面，研究影响消费者康养旅游消费决策的重要因素。

6.1 消费决策激励因素编码

6.1.1 开放式编码

为系统分析影响消费者康养旅游消费决策的激励因素，本章首先对通过深度访谈所获取的原始数据进行开放式编码（Open Coding），对访谈中获取的所有可以编码的句子或段落进行概念化标签，将所有原始资料概念化。编码时，首先对原始访谈数据进行逐字逐句的分析理解，对可以编码的数据进行初始概念化。为尽量减少研究者个人的主观偏见、定见或者其他影响，本研究尽量使用被访谈人原汁原味的口头语言，作为标签以从中发掘初始概念。通过初步分析，本部分共得到113条原始数据以及相应的初始概念。为了节省篇幅，我们仅节选了30余条原始语句及初始概念。表6-1为我们得到的关于康养旅游激励机制的部分初始概念的形成过程。

表6-1　康养旅游消费决策激励因素初始概念形成过程

原始数据	初始概念
a.6.1 关键因素就是水蒸气不潮湿，干燥	a.6.1 空气不潮湿
a.6.2 就没这么难受	a.6.2 不难受
b.6.1 就是环境好	b.6.1 环境好
b.6.2 交通方便	b.6.2 交通方便
c.6.1 最关键的是气候	c.6.1 最关键是气候
c.6.2 环境	c.6.2 环境好
d.6.1 最看中的是环境	d.6.1 环境条件好
d.6.2 但是最重要的是空气好	d.6.2 空气质量好
e.6.1 各方面的条件都要比较好	e.6.1 各方面条件都要好
f.6.1 关键的是这个地方是否合自己的心意	f.6.1 关键是地方合自己心意
g.6.1 第一个就是因为环境	g.6.1 环境条件
g.6.2 然后交通的方便程度	g.6.2 交通方便
h.6.1 我们从2000年，我们就在外面	h.6.1 长期在康养旅游
h.6.2 从身体出发，哪个地方好就去那个地方	h.6.2 有利于身体健康

续表

原始数据	初始概念
i.6.1 花钱多	i.6.1 花钱多不好
i.6.2 又潮湿	i.6.2 潮湿不好
j.6.1 风景区天气好	j.6.1 天气好
j.6.2 风景点觉得值得一看	j.6.2 风景点值得看
k.6.1 首先还是气候	k.6.1 气候条件好
k.6.2 环境要好	k.6.2 环境条件好
l.6.1 我们到这儿先去了去参观一下,听他们介绍他们的环境,了解了过后,最后才决定	l.6.1 详细了解后决定
l.6.2 很少生病	l.6.2 很少生病
m.6.1 走远了不行	m.6.1 离家较近
m.6.2 想到那个地方就住下来,不是想去旅游	m.6.2 住下来生活
n.6.1 环境很好	n.6.1 自然环境好
n.6.4 卫生间、厨房那些很人性化的	n.6.4 生活环境好
o.6.1 第一住宿条件要比较好	o.6.1 住宿条件好
o.6.2 周围的环境肯定要比较好	o.6.2 周围环境好
p.6.1 首先那个地方能够避暑,就是能够凉快的地方	p.6.1 能够避暑
p.6.2 就说还有位置自然条件比较好,尽量地没得啥子天灾人祸这些	p.6.2 没有天灾人祸
q.6.1 首先一个要打听他的环境,周边有什么地方啊	q.6.1 了解环境状况
q.6.2 还有一个房间钥匙和标间厕所卫生间	q.6.2 了解居住环境设施
r.6.1 第一个就是气候,可能气候要好,要适应人,适应人的居住环境	r.6.1 气候宜人
r.6.2 奔到攀枝花,主要是奔太阳去的	r.6.2 太阳吸引人
s.6.1 能接触很多老年朋友	s.6.1 有很多同龄朋友
s.6.2 有开心的事大家分享,不开心的事安慰一下自己挺好的	s.6.2 互助互爱

因为分析发掘出来的初始概念层次较低,数量也比较庞杂,甚至还有一定的交叉和重叠的现象。为了提高初始概念的质量,我们剔除了出现频次低于两次的初始概念,只保留了出现频次在三次及以上的概念,然后将相关概念归类聚集,提炼出概念的范畴。通过连续比较分析,并对概念进行重新归类,共归纳出 7 个范畴。为节省篇幅,下面仅列出部分初始概念。各范畴对应的初始概念如表6-2所示。

表6-2 康养旅游消费决策激励因素开放式编码范畴化

范畴	初始概念
气候环境良好	a.6.1 空气不潮湿, c.6.1 最关键是气候, d.6.2 空气质量好, h.6.4 空气好, i.6.2 潮湿不好, j.6.1 天气好, k.6.1 气候条件好, m.6.4 冬天冷了去康养, n.6.2 空气好, o.6.4 空气好, p.6.1 能够避暑, r.6.1 气候宜人
生态环境优美	b.6.1 环境好, c.6.2 环境好, d.6.1 环境条件好, g.6.1 环境条件, h.6.3 环境好, i.6.3 环境吵闹, k.6.2 环境条件好, n.6.1 自然环境, o.6.2 周围环境好, p.6.2 没有天灾人祸, p.6.4 自然条件较好, r.6.3 生态环境好
人文环境和谐	b.6.5 有朋友一起耍, g.6.5 朋友们互通信息, k.6.4 有朋友一起, l.6.3 精神愉快, l.6.4 觉得轻松, s.6.1 有同龄朋友, s.6.2 互助互爱, d.6.5 老板很好, d.6.6 老板像家人一样, h.6.8 老板好, h.6.11 老板比较大方
交通条件便利	b.6.2 交通方便, g.6.2 交通方便, h.6.7 交通不很方便

续表

范畴	初始概念
生活条件优越	b.6.4 生活条件比较好，h.6.5 生活好，g.6.4 伙食条件好，j.6.5 吃住行方便，k.6.7 伙食口味合适，n.6.3 住宿条件好，o.6.1 住宿条件好，q.6.5 基本条件合适，i.6.4 要过得舒适，p.6.17 设施要满足生活，q.6.4 设施适合老年人
医疗条件方便	h.6.2 有利于身体健康，h.6.6 医疗不行，i.6.5 又要能康养，l.6.2 很少生病，q.6.9 卫生条件、医疗保健，q.6.10 要有康养师和医生，o.6.8 把身体养好
符合心理期望	e.6.1 各方面条件都要好，k.6.9 综合考虑各种问题，l.6.1 详细了解后决定，f.6.1 关键是地方合自己心意，l.5.12 感觉康养不错，r.5.3 感觉挺好

6.1.2 主轴编码

通过开放式编码发掘出初始概念及范畴后，进一步进行主轴编码，即发掘主范畴。也就是在提炼出范畴的基础上，进一步发展范畴的性质和层面，使范畴的逻辑联系更加严密。同时将各个范畴联结在一起，发现和建构范畴之间的逻辑联系。通过逻辑分析，本研究发现通过开放式编码得到的各个不同范畴在概念层次上存在严密的内在联结。根据不同范畴之间的相互关系和逻辑次序，本研究对各范畴进行进一步的归类，归纳出3个主范畴。各主范畴代表的意义及其对应的开放式编码范畴如表6-3所示。

表 6-3 康养旅游消费决策激励因素主轴编码形成的主范畴

类别	主范畴	范畴	范畴的内涵
外部环境条件优越	生态生活环境优良	气候环境良好	消费者对康养旅游目的地的空气湿度、空气质量、温度、太阳光照等气候条件满意，希望享受良好的气候条件
		生态环境优美	康养旅游目的地的植被良好、风景优美、安静舒适，有利于消费者生活休闲
		人文环境和谐	康养旅游目的地人文环境和谐，主客相处融洽，旅游者互相和谐愉快，游客生活其中幸福快乐
	生活保障条件充分	交通条件便利	交通方便，从游客家到康养旅游目的地方便快捷
		生活条件优越	旅游目的地生活设施设备齐全，满足老年人需求，住宿条件安静舒适，饮食健康卫生、营养丰富、味道合口味
		医疗条件方便	医疗条件方便，能满足老年人就医及身心保健的需要
心理预期满足	符合心理预期	符合心理预期	康养旅游目的地环境优越，条件满足，符合消费者的心理预期

6.1.3 选择性编码

本书通过认真分析范畴与范畴之间的关系，从主范畴中挖掘出"核心范畴"（Core Category），进一步分析核心范畴与主范畴及其他范畴之间的联系，并以"故事线"（Story Line）的形式描绘整体行为现象。通过研究发现，本研究主范畴的典型关系结构如表 6-4 所示。

表 6-4 康养旅游消费决策激励因素主范畴的典型结构关系

典型关系结构	关系结构的内涵	受访者的代表性语句
外部环境条件优越→康养旅游消费决策	良好的生态生活环境和充分的生活保障条件等外部环境条件因素是激励消费者做出康养旅游消费决策的重要因素。	c.6.1—4 最关键的是气候、环境、空气，但是最主要的是气候。（气候环境良好是激励消费者做出康养旅游消费决策的关键因素） d.6.1—4 最看中的是环境，但是最重要的是空气好、水好，因为年纪比较大了，要考虑适合自己的身体状况。（生态环境优美是激励消费者做出康养旅游消费决策的主要因素） o.6.1—3 我想你既然是到那里去疗养身体，第一住宿条件要比较好，周围的环境肯定要比较好，因为本来老年人睡眠就差，这个是第一条吧。第二条呢你生活啊这些你要能够跟得上去。（生活条件优越是激励消费者做出康养旅游消费决策的重要因素） q.6.9—10 其他我觉得还要考虑卫生条件、医疗保健那些，要求要有高的配置，还需要有一个康养师，医生之类的。（医疗条件方便是激励消费者做出康养旅游消费决策的重要因素）

续表

典型关系结构	关系结构的内涵	受访者的代表性语句
心理预期满足→康养旅游消费决策	符合消费者心理预期是激励消费者做出康养旅游消费决策的决定性因素。	e.6.1 各方面的条件都要比较好。(符合心理预期是影响消费者消费决策的决定性因素) f.6.1 关键的是这个地方是否合自己的心意，我现在住的就比较合我的心意。(符合心理预期是消费者消费决策的最关键因素)

上述研究发现，康养旅游消费决策的激励因素包括外部环境条件优越和心理预期满足两个方面。外部环境条件优越包括生态、生活环境优良和生活保障条件充分两个主范畴，心理预期满足是激励消费者做出康养旅游消费决策的直接因素。外部环境条件优越和心理预期满足都是激励消费者康养旅游消费决策的重要因素，外部环境条件因素要通过内在心理因素才能发挥作用。在上述"故事线"的基础上，本研究建构了消费者康养旅游消费决策激励因素结构模型，即"外部环境条件优越—心理预期满足—激励康养旅游消费决策"模型，如图6-1所示。

图6-1 康养旅游消费决策激励因素结构模型

6.1.4 理论饱和度检验

为了确定数据的理论饱和度，本部分研究仍然采取连续比较的方法，在连续比较了22个访谈对象的访谈数据后，没有发现新的范畴产生，即停止采样。现列举其中具有代表性的几个受访者的访谈数据作为例证。

h.6.10—11：这家人确实好，对每个客户，都无微不至（老板比较好——人文环境），宁愿自己吃亏，都不亏顾客（老板比较好——人文环境），所以我们都还想住两年。

k.6.1—3：当然首先还是气候，气候要温暖（气候温暖——气候环境），环境要好（环境要好——生态环境），空气质量这些都是前提（空气质量——气候环境）。

m.6.3—4：夏天，天气暖和了我们就离开（天气暖和——气候环境）。天气到了冬天我们就过去了（冬天就过去——气候环境）。

n.6.1—3：反正最主要的必须要是环境很好（环境很好——生态环境），因为现在环保是提到第一位的，一个空气好（空气好——气候环境），还有个就是住宿条件要稍微好（住宿条件好——生活条件）。

o.6.1—3：我想你既然是到那里去疗养身体，第一住宿条件要比较好（住宿条件比较好——生活条件），周围的环境肯定要比较好（周围环境好——生态环境），因为本来老年人睡眠就差，这个是第一条吧。第二条呢你生活啊这些你要能够跟得上去（生活能够跟上——生活条件）。

p.6.17：起码的设施的话你都要达到（设施要达到——生活条件），是不是？起码有橱柜和衣柜，或者是去洗手间，要供应热水，不是说 24 小时都要供应，但是需要热水的时候就要供应。

q.6.9—10：其他我觉得还要考虑卫生条件、医疗保健那些，要求要有高的配置，还需要有一个康养师，医生之类的。（医生之类的——医疗条件）

6.1.5 模型阐释和研究发现

上述分析可知，激励消费者做出康养旅游消费决策的因素包括外部环境条件优越和心理预期满足两个主范畴。外部环境条件优越主要包括生态生活环境优良和生活保障条件充分，心理预期满足主要是指康养旅游项目符合消费者的心理预期价值。下面，对影响消费者做出康养旅游消费决策的激励因素进行具体论述。

1. 外部环境条件优越是激励消费者康养旅游消费决策的重要因素

外部环境条件优越即生态生活环境优良和生活保障条件充分。其中生态生活环境优良包括气候环境良好、生态环境优美、人文环境和谐三个范畴，生活保障条件充分包括交通条件便利、生活条件优越、医疗条件方便三个范畴。气候环境良好范畴是消费者对康养旅游目的地的空气湿度、空气质量、气候温度、太阳光照度等气候条件满意，希望享受良好的气候条件。气候环境良好范畴是激励消费者做出康养旅游消费决策最主要的因素之一，受访者普遍表示气候条件要好，选择康养旅游目的地一定"气候好""暖和"，如 c.6.1—3"最关键的是气候、环境、空气，但是最主要的是气候"；k.6.1—3"当然首先还是气候，气候要温暖,环境要好,空气质量这些都是前提"。可见,气候环境良好在消费者心目中具有其他条件不可替代的重要地位。生态环境优美范畴是指康养旅游目的地的生态植被良好、风景优美、安静舒适,有利于消费者休闲生活。受访者对生态环境的重视程度也相当高,几乎所有的受访谈者都谈到了生态环境优美的重要性,如 d.6.1—4 "最看中的是环境,但是最重要的是空气好、水好,因为年纪比较大了,要考虑适合自己的身体状况";o.6.2 "周围的环境肯定要比较好"。可见,消费者不仅认为生态环境条件要好,而且认为还要符合自己的身体状况,自己要能适应。也就是不仅仅只看生态环境的好坏,还追求人与环境的适配度,体现了老年人考虑问题的系统性,也体现了康养旅游的长期性特征。同时还发现,在消费者心目中,最重要的是气候环境条件,其次才是生态环境条件。这也符合消费者康养旅游的目的就是为了避寒避暑的动机。人文环境和谐范畴是指康养旅游目的地的人文环境宽松和谐,主客相处融洽,旅游者之间和谐愉快,游客生活其中幸福快乐。这也是影响消费者康养旅游消费决策的一个重要因素。许多受访者都表示了宽松和谐的人文环境对自己的吸引力,甚至还表示愿意共同创建宽松和谐的人文环境,如 k.6.4 "还有要有人,你光是你一个人孤孤单单,你在这儿咋办?所以要有朋友,就算你去一个很小的地方,都必须要有朋友一起"。再如 h.6.10—11 "这家人确实好,对每个客户,都无微不至,宁愿自己吃亏,都不亏顾客,所以我们都还想住两年"。可见,和谐的人文环境对消费者康养旅游消费决策具有重要的影响力。生活条件优越范畴是指康养旅游目的地的生活设施设备齐全,能够满足老年人的日常生活需求，住宿条件安静舒适，饮食健康卫生、营养、合口味。由于康养旅游是一种更高层次的生活方式，旅游者需要在康养旅游目的地长时间居住生活，因此，目的地的生活条件对消费者来说也是至关重要的，甚至是决定性的。这在受访者的言谈中表现得非常明显，如 o.6.6—8 "关键你到一个地方，你要觉得他的住宿条件要能够很好，你因为去不是一两天，要住几个月，那你要住得舒心，吃东西呢要吃的比较舒服，而且有营养，你这个样子我在这里呢才能把身体养好嘛"；q.6.6—8 "还有一个就是要分餐吃，还不能桌餐，这些我们都要考虑，生活反正过得去就行，条件达不到也就是说他接了我们也不能去，都不行的，反正生活要过得去，条件要好，我们不追求啥子繁华，但是衣食住行要比较方便"。交通条件便利范畴是指从游客家到康养旅游目的地的交通条件方便快捷。老年人由于腿脚不方便，普遍比较看重交通条件，希望从家到康养旅游目的地能够方便快捷到达，不喜欢折腾，甚至有人明确提出了不喜欢乘飞机，认为乘飞机程序太烦琐，有的消费者本来已经做好了决策，但由于交通不便一直不成行，直到交通条件改善后才成行。还有康养旅游目的地到附近的交通条件要方便，能满足消费者日常出行旅游、购物的需要，如 b.6.1—2 "就是环境好，交通方便"；g.6.1—2 "第一个就是因为环境，然后交通的方便程度，交通便利很重要"。可见交通条件对消费者康养旅游消费决策的影响也非常大。医疗条件方便范畴是指康养旅游目的地的医疗条件方便，能满足老年人就医及身心保健的需要。老年人由于身体状况，对医疗条件的依赖更甚于年轻人，因此，受访者普遍表示医疗条件非常重要，希望康养旅游点要有医疗条件，至少附近要有好的医院，能够满足日常的医疗需求，如h.6.6"我们现在在潜龙，它有一定的缺点，医疗不行"；q.6.9—10"其他我觉得还要考虑卫生条件、医疗保健那些，要求要有高的配置，还需要有一个康养师，医生之类的"。

上述研究结论与本书"动机"部分的研究成果一致。受访者一致表示，康养旅游的目的就是要避寒避暑，更好地生活，要有利于身心健康。这也与目前关于康养旅游的定义的内容吻合。目前几乎所有的研究结果都认为康养旅游具有"身心健康""修心养性"的内涵，如任宣羽（2016）认为"康养旅游以促进游客身心健康，增强游客快乐，达到幸福为目的"。《国家康养旅游示范基地》（LB/T 051—2016）认为康养旅游是"使人在身体、心智和精神上都达到自然和谐的优良状态的各种旅游活动的总和"。但却与现有文献中关于旅游消费决策激励因素的研究成果有很大的差异，如Sirakaya认为旅游决策行为的决定因素是时间、成本和吸引力；Shih指出价值观、生活方式、感知和形象是游客目的地决策行为的决定因素（杨亮，2014）。王红国（2013）认为影响旅游决策的关键在于提升旅游目的地形象。这正好说明了康养旅游是与传统旅游项目截然不同的一种新的生活方式。因为参与的人群不同，旅游的方式不同，关注的重点不同，所以影响消费者消费决策的激励因素也就有很大的差异。这是本书研究的一个重要发现。

2. 心理预期满足即符合心理预期是激励消费者康养旅游消费决策的决定性因素

康养旅游目的地的生态环境、气候环境、人文环境和生活条件、交通条件、医疗卫生条件等外部环境条件，应符合消费者的内心的价值预期。满足心理预期是影响消费者康养旅游消费决策的内在因素，也是影响消费者康养旅游消费决策的决定性因素。这与现有的研究成果一致，如王细芳（2019）认为，旅游消费决策是选择合适的消费对象的过程；纪峰（2018）认为，旅游消费决策是在能够满足旅游需要的不同旅游产品或服务中，做出最优选择的决策过程。上述研究可知，消费决策是一个反复比较，选择自己满意的产品、服务的心理活动过程。外部环境条件是否满足消费者的内在心理需求，符合消费者消费心理的价值预期，是消费决策的关键因素，也是最主要的决定性因素。毫无疑问，在物质日益丰富的今天，人人都想购买自己满意的产品或服务。除了个别产品没有选择或者其他原因不得不购买不够满意的外，几乎没有人愿意购买自己不满意的产品或服务。购买自己满意的产品或服务正是购物乐趣的重要内容之一。从哲学的角度，内因决定外因，外因只有通过内因才能起作用。受访谈对象多次强调了心理预期满足在做出消费决策中的决定性作用，如 f.6.1"关键的是这个地方是否合自己的心意，我现在住的就比较合我的心意"；e.6.1"各方面的条件都要比较好"；k.6.9"整个环境，吃的东西还是要干净一点，这些问题都是要综合考虑的"。可见，外部环境条件因素要能够真正影响康养旅游消费者的消费决策，还必须要经过消费者内在心理评估，满足消费者的主观心理需求，符合消费者的心理预期，才能成为影响消费者消费决策的决定性因素，如果不符合其心理预期，即使生态环境和生活条件非常优越，也很难成为激励消费者做出消费决策的决定性因素，很难让消费者做出最后的康养旅游消费决策。

6.2 消费决策抑制因素编码

6.2.1 开放式编码

为了系统分析影响消费者康养旅游消费决策的抑制因素，本章首先对深度访谈所获取的原始数据进行开放式编码（Open Coding），对访谈中获取的所有可以编码的句子或段落进行概念化标签，将资料概念化。编码时，首先对原始访谈数据进行逐字逐句的分析理解，对可以编码的数据进行初始概念化。为减少研究者个人的主观偏见、定见或者其他影响，本书尽量使用被访谈人的原话（原汁原味的访谈者的口头语言）作为标签以从中发掘初始概念。通过初步分析，共得到61条原始数据以及相应的初始概念。为了节省篇幅，我们仅仅节选了30余条原始语句及初始概念。表6-5为我们得到的关于康养旅游消费决策抑制因素的部分初始概念的形成过程。

表6-5 康养旅游消费决策抑制因素初始概念形成过程

原始数据	初始概念
a.7.1 就是水蒸气和气候环境	a.7.1 气候环境
a.7.2 最关键的因素就是气候	a.7.2 最关键是气候
b.7.1 适合我的地方就多要一会儿，不合适的就算了	b.7.1 地方是否适合自己
b.7.2 这个地方风俗民风比较好	b.7.2 风俗民风

续表

原始数据	初始概念
d.7.1 一个是医疗问题	d.7.1 医疗问题
d.7.2 另一个是交通问题	d.7.2 交通问题
e.7.1 最主要的是注意安全	e.7.1 最主要是安全问题
e.7.2 方便	e.7.2 方便
f.7.1 是否安全	f.7.1 是否安全
f.7.2 结伴而行	f.7.2 结伴而行
g.7.1 第一个方面就是途中和路程	g.7.1 途中和路程
g.7.2 然后还有交通的便利程度	g.7.2 交通便利程度
h.7.1 欺骗行为	h.7.1 欺骗行为
h.7.2 生活条件不好	h.7.2 生活条件不好
i.7.1 我们是相信他这边康养单位	i.7.1 相信康养单位
i.7.2 我相信不会受骗就可以	i.7.2 不受骗就可以
j.7.1 一般有药要带够	j.7.1 备足常用药
j.7.2 能够带的东西都要带齐	j.7.2 带足日常用品
k.7.1 医疗方面就是首先要准备的	k.7.1 准备好医用药品
k.7.2 不能去一些比较远的地方	k.7.2 距离要近
l.7.1 主要就是自己不要计较	l.7.1 不要太计较
l.7.2 对于我们老年人的晚年来说,能够有一个宽松、愉快、团结的环境,让人心情好,这样就好了	l.7.2 环境和谐心情好
m.7.1 现在我们想住的地方不想生病,尽量不生病	m.7.1 尽量不生病
m.7.2 现在就最怕的是生病,看病不大方便	m.7.2 看病方便

续表

原始数据	初始概念
n.7.1 住的环境	n.7.1 住的环境
n.7.2 安不安全	n.7.2 安不安全
o.7.1 我们出去嘛肯定得注意安全嘛，它肯定是最重要的嘛	o.7.1 安全有保障
o.7.2 你这个老年人你一般就要有监护者，这个是很重要的	o.7.2 护理到位
p.7.1 最重要的就是做一个和谐团结，不要分啥子贵贱高低	p.7.1 有和谐的团体
p.7.2 我们就要互相帮助，互相宽容，互相谅解，互相帮助	p.7.2 大家互相帮助，互相包容
q.7.1 反正是大自然的环境那些安不安全，本身的地方要安全才得行	q.7.1 安全有保障
q.7.2 周围环境好	q.7.2 周围环境好
r.7.1 交通要方便	r.7.1 交通要方便
s.7.1 要适合自己	s.7.1 要适合自己
s.7.2 空气质量好	s.7.2 空气质量好

　　为了将初始概念范畴化，我们剔除了出现频次低于两次的初始概念，只保留了出现频次在三次及以上的概念。然后将相关概念进行归类分析，提炼出概念的范畴。通过连续比较，归类提炼，共归纳出 8 个范畴。为节省篇幅，仅列出了部分初始概念。各范畴对应的初始概念如表 6-6 所示。

表 6-6　康养旅游消费决策抑制因素开放式编码范畴化

范畴	初始概念
气候环境不好	a.7.1 气候环境，a.7.2 最关键是气候，k.7.5 气候，s.7.2 空气质量好
生态环境较差	b.7.1 地方是否适合自己，k.7.7 自然环境，g.7.3 环境要优美，s.7.3 环境比较好，s.7.1 环境要适合自己，k.4.3 喜欢散步、听音乐，n.5.2 喜欢清净，m.3.2 喜欢农业区没有工业污染
人文环境不和谐	b.7.2 风俗民风，k.7.6 人文环境，h.7.6 对老年人不好，l.7.2 环境和谐心情好，p.7.1 有和谐的团体，p.7.2 大家互相帮助、互相包容，p.7.7 老板与游客关系很重要
生活条件较差	a.7.5 吃的东西是否绿色，g.7.4 伙食可以，h.7.3 吃的不环保，j.3.6 觉得好才能够安心住，k.7.3 离市场距离，n.7.1 住的环境，o.7.4 生活跟得上去，q.7.2 周围环境好
医疗条件不方便	d.7.1 医疗问题，h.7.4 卫生不好，j.7.1 备足常用药，j.7.2 带足日常用品，j.7.3 离医院近不近，j.7.4 考虑医疗条件，k.7.1 准备好医用药品，k.7.4 离医院距离，m.7.1 尽量不生病，m.7.2 看病方便，m.7.3 医疗条件方便，n.7.3 卫不卫生，o.7.2 护理到位，o.7.3 医疗设施不足，s.7.6 离医院近，n.11.5 卫生条件
交通条件不便利	d.7.2 交通问题，e.7.2 方便，g.7.1 途中和路程，g.7.2 交通便利程度，k.7.2 距离要近，r.7.1 交通要方便，s.7.5 交通方便
价格不合理	a.7.3 个人经济承受能力，a.7.4 收费高，g.7.5 价格合理
安全保障不到位	b.7.3 家人是否放心，e.7.1 最主要是安全问题，f.7.1 是否安全，g.4.7 要安全、方便，h.7.1 欺骗行为，i.7.2 不受骗就可以，n.7.2 安不安全，o.7.1 安全有保障，q.7.1 安全有保障

6.2.2 主轴编码

提炼出范畴后,为了进一步发展范畴的性质和层次,使范畴的逻辑联系更加严密。本书将各个范畴联结在一起,挖掘并建立了范畴之间的逻辑联系。通过比较分析,根据不同范畴之间的相互关系和逻辑次序,作者对各范畴进行进一步归类,归纳出 3 个主范畴。各范畴代表的意义及其对应的开放式编码范畴如表 6-7 所示。

表 6-7 康养旅游消费决策抑制因素主轴编码形成的主范畴

类别	主范畴	范畴	范畴的内涵
外部环境条件较差	生态生活环境不优越	气候环境不好	消费者很看重气候环境条件,如果气候环境条件不好则不愿意去,或者会选择离开
		生态环境较差	消费者非常重视康养旅游目的地的生态环境条件,如果生态环境条件不好,有工业污染,不适合自己,则不会选择该地旅游
		人文环境不和谐	消费者对康养旅游目的地的风土人情、主顾关系、顾客之间的关系很注重,认为如果人文环境不和谐,则不愿意去康养旅游,或者今后不会再次选择该地康养旅游
	生活保障条件不满足	生活条件较差	消费者希望康养旅游目的地住宿条件好,舒适安静,饮食绿色环保,卫生营养,距离市场较近,生活方便,否则就会影响消费决策

续表

类别	主范畴	范畴	范畴的内涵
外部环境条件较差	生活保障条件不满足	医疗条件不方便	消费者普遍希望康养旅游目的地具备医疗卫生条件，或者距离大医院较近。如果没有则会尽量自己备足常备药品。如果距离医院较远则不会选择消费
		交通条件不便利	消费者普遍希望康养旅游目的地交通方便。消费决策时会根据交通方便程度，优先选择交通比较方便的地方。但如果生态环境和人文环境较好，也可以克服交通不便带来的影响
		价格不合理	部分消费者表示消费决策时要考虑个人的经济承受能力，如果收费太高，超出了自己的经济承受能力，则要另外选择收费合理的目的地康养旅游
安全保障不到位	安全保障不到位	安全保障不到位	大多数消费者决策时会慎重考虑安全保障问题，如果康养旅游目的地安全保障不到位，则会考虑选择其他地方康养旅游

6.2.3 选择性编码

选择性编码是从主范畴中挖掘核心范畴，分析核心范畴与主范畴及其他范畴的联结关系，并以"故事线"（Story Line）的方式描绘整体行为现象。本研究中主范畴的故事线及受访者的代表性语句如表 6-8 所示。

表 6-8　康养旅游消费决策抑制因素主范畴的典型结构关系

典型关系结构	关系结构的内涵	受访者的代表性语句
外部环境条件较差→康养旅游消费决策	生态生活环境不优越和生活保障条件不满足是抑制康养旅游消费决策的重要因素	a.7.2 对我来讲，最关键的因素就是气候。（气候环境不好是影响康养消费决策的关键因素） g.7.3 比如我们去攀枝花，还有环境要优美。（生态环境条件较差对康养旅游消费决策有重要影响） h.7.2—6 再一个，生活条件不好，吃的不环保，卫生不好。吃点东西弄出来口感不好，对老年人不好，这些就不会去。（生活条件较差对康养旅游消费决策具有重要影响作用） k.7.2 因为医药这个方面很重要，所以不能去一些比较远的地方。（医疗条件不方便也是影响康养旅游消费决策的重要因素） g.7.2 我觉得首先是路程的远近，然后还有交通的便利程度。（交通条件不便利是影响康养旅游消费决策的重要因素） a.7.3 我最主要考虑的方面不多，还有一个就是个人的经济承受能力。（经济承受能力是影响康养旅游消费决策的重要因素）
安全保障不到位→康养旅游消费决策	安全保障不到位是抑制康养旅游消费决策的决定性因素	h.7.1 首先是，欺骗行为的，不是很诚恳的就不去。（安全保障不到位是影响消费者康养旅游消费决策的决定性因素） f.7.1 第一个要注意安全，你不能去的地方，一定不要去。（安全保障不到位是影响消费者消费决策的决定性因素）

上述研究发现，抑制消费者消费决策的因素包括外部环境条件较差和安全保障不到位两个方面，其中外部环境条件较差又包括生态生活环境不优越和生活保障条件不满足两个范畴。外部环境条件不优越对康养旅游消费决策具有重大影响，安全保障不到位对康养旅游消费决策具有决定性的抑制作用。以此故事线为基础，以此故事线为基础，本研究建构了一个全新的康养旅游消费决策抑制因素理论构架，我们称之为康养旅游消费决策抑制因素结构模型，即安全保障不到位及外部环境较差抑制康养旅游消费决策模型，如图6-2所示。

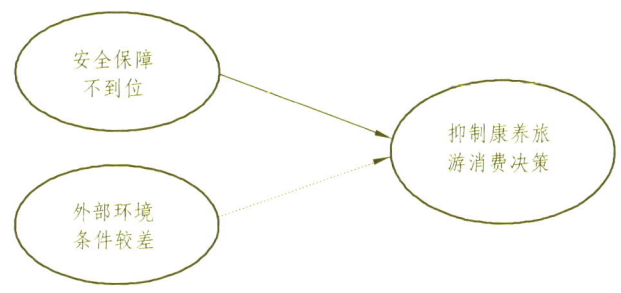

图 6-2 康养旅游消费决策抑制因素结构模型

6.2.4 理论饱和度检验

为了确定数据的理论饱和度，本部分继续采取连续比较的方法，在连续比较了22个访谈对象的访谈数据后，没有发现新的范畴产生，即停止采样。现列举其中具有代表性的几个受访者的访谈数据作为例证。

g.7.1—2：第一个方面就是途中和路程（途中和路程——交通条件），太远了就不会去，另外一个方面与康养中心无关。我觉得首先是路程的远近，然后还有交通的便利程度（交通的便利程度——交通条件）。

h.7.1—6：首先是，欺骗行为的（欺骗行为——安全保障），不是很诚恳的就不去。再一个，生活条件不好（生活条件不好——生活条件），吃的不环保（吃的不环保——生活条件），卫生不好（卫生不好——生活条件）。吃点东西弄出来口感不好（吃的东西口感不好——生活条件），对老年人不好（对老人不好——人文环境），这些就不会去。

n.7.1—3：我们一般首先要去看住的，就是看住的环境（住的环境——生活条件），你有没有走的地方，安不安全（安全不安全——安全保障），卫不卫生（卫生不卫生——生活条件），基本上选择的就是这样。

o.7.1：我们出去嘛肯定得注意安全嘛，它肯定是最重要的嘛。（安全是最重要的——安全保障）

q.7.1：反正是大自然的环境那些安不安全，本身的地方要安全才得行。（要安全才得行——安全保障）

s.7.2—5：我觉得主要是老年人要空气质量好（空气质量——气候环境），环境比较好的（环境比较好的——生态环境），人饮用水比较重要，水质要好（饮用水的水质——生活环境），交通方便（交通方便——交通条件），老年人难免生病，离医院近点（离医院近——医疗条件），我觉得其他都不是很重要。

6.2.5 模型阐释和研究发现

上述研究发现，抑制康养旅游消费决策的因素包括外部环境条件较差和安全保障不到位两个类别。外部环境条件较差包括生态生活环境不优越和生活保障条件不满足两个主范畴，是阻碍消费者康养旅游消费决策的重要因素。研究发现，如果外部环境条件达不到消费者的心理预期，消费者将慎重选择消费或者影响消费者重复消费决策。安全保障因素是消费者康养旅游消费决策的决定性因素，如果环境达不到消费者的安全需求标准，消费者将会放弃消费或者更换消费地点。下面，对影响消费者做出康养旅游消费决策的抑制性因素作具体论述。

1. 生态生活环境不优越是抑制消费者康养旅游消费决策的重要因素

生态气候环境对消费者消费决策的影响是指消费者看重生态气候环境条件，如果康养旅游目的地的生态环境和气候条件不好则不愿意去，或者会影响后续的康养旅游消费决策。这与激励因素部分的研究结果一致。消费者普遍表示，生态气候条件是康养旅游消费决策最关键的因素，消费决策都会选择气候条件、生态环境比较好的地方，如果气候、环境条件不好，比如有工业污染，或者感觉不适合自己等，则不会选择该地进行康养旅游，或者去了也会选择离开，或者会影响到康养旅游重复消费决策，如 a.7.2 "对我来讲，最关键的因素就是气候"；s.7.2—3 "我觉得主要是老年人要空气质量好，环境比较好的"。这都说明了生态气候环境条件不优越对消费者康养旅游消费决策具有重大的抑制作用。人文环境对康养旅游消费决策的影响是指消费者对康养旅游目的地的风土人情、主顾关系、顾客之间的关系等很注重，如果消费者认为人文环境不和谐，则不愿意去康养旅游，或者今后不再选择该地康养旅游，如b.7.2"这个地方风俗民风比较好，给我的印象很深，我还给我的朋友分享，后来我朋友也开着车过来，在这个地方玩"。可见，人文环境也是影响消费者康养旅游消费决策的重要因素，如果人文环境不和谐，会对消费者康养旅游消费决策产生很大的抑制作用。

2. 生活保障条件不满足也是抑制消费者康养旅游消费决策的重要因素

消费者希望住宿条件好、舒适安静，饮食绿色环保、营养卫生，距离市场较近，生活方便，否则就会影响消费决策。另外，消费者普遍希望康养旅游目的地具备医疗条件，或者距离大医院较近。如果没有医疗条件则会尽量自己备足常备药品，如果距离医院较远则不会选择该地康养旅游。消费者也普遍希望康养旅游目的地交通条件便利。消费决策时会根据交通方便程度，同等条件下会优先选择交通条件方便的康养旅游目的地，如果交通条件不方便，则会降低消费者对康养旅游目的地的吸引力。价格不合理是指部分消费者表示消费决策时会考虑个人的经济承受能力，如果收费太高，超出了自己的经济承受能力，则要另外选择收费合理的康养旅游目的地。受访谈者普遍重视生活保障条件对消费决策的影响作用，都希望生活条件优越，食宿方便，营养卫生，医疗有保障，交通便利，出行方便，如h.7.2—6"再一个，生活条件不好，吃的不环保，卫生不好，吃点东西弄出来口感不好，对老年人不好，这些就不会去"；k.7.2"因为医药这个方面很重要，所以不能去一些比较远的地方"；g.7.2"我觉得首先是路程的远近，然后还有交通的便利程度"；

a.7.3"我最主要考虑的方面不多,还有一个就是个人的经济承受能力"。可见,生活保证条件对消费者消费决策具有重要的影响作用。但价格因素对消费者康养旅游消费决策的抑制作用有限,仅有部分消费者提出了要考虑经济承受能力。这符合康养旅游消费群体的构成状况。调查发现,目前中国的康养旅游消费者,基本上是离退休的老领导、老干部或者机关事业单位管理人员,大部分是离退休前工作环境好、职称职务高、收入有保障、家庭成员生活条件优越的老年群体。一般的康养机构收费不高,根据居住的房间类型,每人每月包吃住收费1500~2500元,条件比较好的4000元左右,如果长住还有很多优惠条件。[①]因此,绝大部分康养旅游消费者能够承受康养旅游的消费,大部分不很重视康养机构的收费问题。

3. 安全保障不到位是抑制康养旅游消费决策的决定因素

本书提出的安全保障是指多数消费者决策时会慎重考虑康养旅游目的地的安全保障问题。即消费者在进行康养旅游消费决策时,首先要考虑康养旅游目的地是否安全,如果安全,则愿意消费;如果康养旅游目的地的安全没有保障,则会放弃旅游或者考虑选择其他地方。访谈中,受访谈者对安全问题的态度都很坚决,他们表示,不安全就不旅游,安全保障问题是关键决策因素,如 f.7.1"第一个要注意安全,你不能去的地方,一定不要去";h.7.1"首先是,欺骗行为的,不是很诚恳的就不去"。本研究所指的安全不仅仅是指社会环境安全,还包括自然

---

① 数据来源于作者对四川攀枝花、成都,云南丽江等地康养旅游机构的调查资料。

环境的安全，即自然环境稳定，不易发生自然灾害。如果康养旅游目的地经常发生自然灾害，消费者就会考虑避开这样的地方康养旅游，如 q.7.1 "不利的因素就是害怕那个地方，比如说有塌方，地震还有啥子灾害，反正是大自然的环境那些安不安全，本身的地方要安全才得行"；q.7.2—3 "总的来说，周围环境好，安全就行，其他没啥"。个别游客甚至要事先对相关环境进行反复踏勘，确定环境安全后才决定前往消费。这也符合老年群体行事稳重谨慎的特征。

以上三方面的研究发现与已有的相关研究结果有很大的差异，如 Crompton 认为旅游决策受抑制因子，如收入、休闲时间、旅游经验的影响（杨亮，2014）。Pearce 认为休闲时间、工作限制和家庭生活作为阻力干扰条件影响旅游决策行为。本研究发现，我国的康养旅游消费者几乎都不考虑时间问题，没有工作限制和家庭生活阻力，也没有受到旅游经验的影响，他们主要考虑的是居住地的气候环境条件和生活保障条件，即更多考虑更高质量的生活保障问题。这完全符合王赵（2009）、任宣羽（2016）等人认为康养旅游是以追求"延年益寿、强身健体、修身养性"等幸福为目的的一种新的旅游方式的论断。本研究认为，由于参加的康养旅游的主体不同，康养旅游消费决策考虑的抑制性因素也就不同于普通旅游消费。这是本研究的又一个重要发现。同时，梳理目前所有关于旅游消费决策抑制因子的研究成果发现，目前还没有关于安全因素的研究，这正好说明目前康养旅游消费决策研究的不足，这也是本研究的一个重要发现。

康养旅游消费决策后行为编码分析

消费决策后行为即购后评价（Post-purchase Evaluation），是指消费者评估购买获得的价值，并通过相关的行动表达出对决策的满意或不满意等。根据消费者购买决策理论，消费者对其购买活动的满意度（S）是由其产品期望（E）和该产品的可觉察性能（P）的函数，即$S=F(E, P)$。如果$E<P$，消费者就会感到很满意；如果$E=P$，消费者就会感到满意；如果$E>P$，消费者则会感到不满意。购买后的满意程度决定了消费者的购后活动，决定了消费者是否还会重复购买该产品，还决定了消费者对该品牌的态度，甚至还会影响到其他的消费者，形成连锁效应，影响该产品或者服务项目的整个消费，纪峰（2018）认为，旅游消费者购买旅游产品后，通过自己的消费体验，做出对所购买旅游产品满意程度的评价，以及对旅游消费决策正确与否的评价，并决定着其他购后行为。根据计划行为理论，行为态度、主观规范和知觉行为控制是决定行为意向的3个主要变量，态度越积极、他人支持度越高、知觉行为控制越强，行为意向就越大，反之就越小。由于康养旅游产品消费时间的长期性，游客的重复消费行为对康养旅游企业至关重要，甚至决定了企业能否健康发展。只有让旅游消费者真正满意，赢得大多数消费者的重复消费，企业才能健康发展。因此，企业必须要了解消费者对所消费的康养旅游产品的真实想法，并采取相应措施，有针对性地加强企业管理，改善企业形象，提升消费者对康养旅游产品的满意度，进而影响消费者的重复消费行为。加强游客满意度及其购后行为研究意义重大。

7.1 开放式编码

为了系统分析康养旅游消费者的消费满意度和重复消费意愿，本章首先对深度访谈所获取的原始数据进行开放式编码（Open Coding），对访谈中获取的所有可以编码的句子或段落进行概念化标签，达到将资料概念化的目的。开放式编码时，首先对原始访谈数据进行逐字逐句的分析理解，对可以编码的数据进行初始概念化。为减少研究者个人的主观偏见、定见或者其他影响，本书尽量使用被访谈人的原话（原汁原味的访谈者的口头语言）作为标签以从中发掘初始概念。通过初步分析，共得到106条原始数据以及相应的初始概念。为了节省篇幅，我们仅节选了30余条原始语句及初始概念。表7-1为我们得到的关于康养旅游消费决策后行为的部分初始概念形成过程。

表7-1　康养旅游消费决策后行为初始概念形成过程

原始数据	初始概念
a.9.1 可以	a.9.1 满意
a.9.2 收费不高	a.9.2 收费不高
b.9.1 满意	b.9.1 满意
b.9.2 这里管得挺好的	b.9.2 照顾周到
c.9.1 满意	c.9.1 满意
c.9.2 主要是天气好，都有大太阳	c.9.2 有大太阳
d.9.1 水好	d.9.1 水质比较好
d.9.2 空气好	d.9.2 空气好
e.9.1 在攀枝花待了三四年	e.9.1 在攀枝花待了三四年

续表

原始数据	初始概念
e.9.2 满意	e.9.2 满意
f.9.1 我比较满意	f.9.1 比较满意
f.9.2 我还会来的	f.9.2 还会来
g.9.1 我还是比较满意	g.9.1 比较满意
g.9.2 还是愿意过去	g.9.2 下次还来
h.9.1 医疗不好	h.9.1 医疗不好
h.9.2 交通不便	h.9.2 交通不便
i.9.1 今后还要来攀枝花旅游	i.9.1 今后还来攀枝花
i.9.2 因为攀枝花具备很多好	i.9.2 攀枝花很好
j.9.1 基本满意	j.9.1 基本满意
j.9.2 管理水平可能还有待提高	j.9.2 管理水平有待提高
k.9.1 首先黄土面积太大了,风一吹就黄沙漫天	k.9.1 黄土裸露引起风沙
k.9.2 必须要政府而且要有经济投入解决	k.9.2 政府要治理环境
l.9.1 我们感觉也很不错,可能还要来	l.9.1 感觉不错,可能还来
m.9.1 还是满意	m.9.1 满意
m.9.2 最少一般都要住三个月	m.9.2 最少住三个月
n.9.1 满意	n.9.1 满意
n.9.2 我们都准备回去	n.9.2 下次还来
o.9.1 总的来说还是可以还是满意	o.9.1 比较满意
o.9.2 老板这个人呢她还是比较通情达理的,你有什么事情找她,一般在她的能力范围内能解决的,她还是能够给你解决	o.9.2 老板通情达理

原始数据	初始概念
q.9.1 都还不错，就是路不平	q.9.1 满意，路不平
q.9.2 今后还会来攀枝花旅游	q.9.2 今后还来
r.9.1 很满意	r.9.1 很满意
r.9.2 觉得很开心	r.9.2 觉得很开心
s.9.1 我很满意	s.9.1 很满意
s.9.2 感觉像到了自己的家一样	s.9.2 有家的感觉

上述从原始资料中获得的初始概念层次较低，还有交叉和重复的现象，为了将初始概念范畴化，我们剔除了出现频次低于两次的初始概念，只保留了出现频次在三次及以上的概念。然后将相关概念归类聚集，提炼出概念的范畴。通过连续比较归类，共提炼出 8 个范畴。为了节省篇幅，仅列出了部分初始概念。各范畴对应的初始概念如表 7-2 所示。

表 7-2 康养旅游消费决策后行为开放式编码范畴化

范畴	初始概念
满意度高愿重复消费	a.9.8 下次还选择这里，b.9.1 满意，c.9.1 满意，d.9.5 下次还来攀枝花，e.9.2 满意，f.9.1 比较满意，g.9.1 比较满意，h.9.5 下次还来，i.9.1 今后还来攀枝花，j.9.1 基本满意，l.9.1 感觉不错，可能还来，m.9.1 满意，n.9.1 满意，o.9.1 比较满意，q.9.1 满意，路不平，r.9.1 很满意，s.9.4 只要能走都会去
生态环境好	a.9.4 环境安静清静，b.10.1 环境好，c.9.5 环境挺好，o.9.4 环境好，i.9.3 最适合老年人待，j.10.2 环境好，p.8.2 自然条件好，p.10.5 环境很好，R.8.4 适合人居，r.9.3 环境满意

续表

范畴	初始概念
空气质量好	c.9.3 空气好，d.9.2 空气好，e.8.3 空气很好，f.8.2 空气比较好，j.8.2 空气好，l.8.4 空气好，o.8.3 空气新鲜，p.8.1 天然氧吧，s.8.1 空气质量好
光照充足	c.8.4 太阳，c.9.2 有大太阳，d.8.2 阳光充足有利健康，e.8.4 阳光充足，h.8.1 阳光充足，j.8.4 艳阳高照，l.8.3 阳光好，m.10.5 晒太阳的好地方，r.8.3 阳光很好，s.8.2 阳光充足
气候条件好	b.10.2 气候好，j.8.5 气候宜人，n.8.1 气候暖和，o.8.1 对身体好，p.10.1 第二个昆明，q.8.3 气候好，s.10.1 太阳暖和
水质好	c.9.6 水质比较好，d.6.3 水质好，d.9.1 水质比较好，e.8.5 水源比较好，l.8.5 水好
人文环境好	a.9.5 老板对大家好，b.9.2 照顾周到，b.9.4 风土人情比较好，c.8.3 治安情况，e.9.4 老板人很好，h.8.3 人也好，l.8.6 老板服务好，o.9.2 老板通情达理，p.8.3 老板好，q.8.2 危险因素不多，q.10.5 当地人态度好，r.9.4 民风淳朴，s.10.2 当地人真诚和气
生活幸福	a.9.3 吃的也可以，d.9.3 生活不错，d.9.4 住宿不错，r.9.6 饭菜好吃，r.9.2 觉得很开心，s.9.2 有家的感觉

7.2 主轴编码

根据不同范畴在概念层次上的相互关系和逻辑次序,本研究对各范畴进一步归类,共归纳出 3 个主范畴。各主范畴代表的意义及其对应的开放式编码范畴如表 7-3 所示。

表7-3 康养旅游消费决策后行为主轴编码形成的主范畴

类别	主范畴	范畴	范畴的内涵
满意度及重复消费意愿	满意度高愿重复消费	满意度高愿重复消费	消费者经过长时间的康养旅游,对康养旅游目的地的生态环境、气候环境、生活保障条件、人文社会环境等感觉满意或基本满意,愿意今后继续在此康养旅游
客观环境条件优越度	生态生活环境条件优越	生态环境好	康养旅游消费者对康养旅游目的地的生态环境感觉满意,认为环境优美,适合自己,对提升自己的生活质量有帮助
		空气质量好	康养旅游消费者认为康养旅游目的地的空气清新,湿度适中,适合康养旅游,有利于自己身心健康
		光照充足	康养旅游消费者认为康养旅游目的地阳光充足,光照时间长,适合于冬天晒太阳,有利于老年人身体健康
		气候条件好	康养旅游消费者认为康养旅游目的地的气候条件好,冬暖夏凉,适合于在此康养旅游

续表

类别	主范畴	范畴	范畴的内涵
客观环境条件优越度	生态生活环境条件优越	水质好	康养旅游消费者认为康养旅游目的地的水质比较好,有利于身体健康
		人文环境好	康养旅游消费者认为康养旅游目的地的民风淳朴,治安情况好,主客关系融洽,游伴关系和谐,生活舒心快乐
主观感知度	生活幸福	生活幸福	康养旅游消费者感觉在康养旅游目的地生活舒心,吃得健康、睡得舒适,就像生活在家中一样,健康快乐幸福,达到了自己康养旅游的心理预期

7.3 选择性编码

在主轴编码的基础上,进一步系统地分析范畴与主范畴之间的逻辑关联,从主范畴中挖掘出核心范畴,并进一步分析核心范畴与主范畴及其他范畴的联结,并以"故事线"(Story Line)的方式描绘整体行为现象。本研究主范畴的典型关系结构如表7-4所示。

表 7-4　康养旅游消费决策后行为主范畴的典型结构关系

典型关系结构	关系结构的内涵	受访者的代表性语句
客观环境条件优越度→满意度及重复消费意愿	客观环境条件优越度是影响康养旅游消费满意度及其重复消费意愿的外在客观环境因素。	i.9.3—4 在最适合老年人待的地方，这些好，让我们非去不可。(生态环境条件是影响消费者满意度及其后续消费的外在客观环境因素) c.9.2 主要是天气好，都有大太阳，然后是空气好。(空气质量是影响消费者满意度及其后续消费的外在客观环境因素) j.8.4 喜欢那边天天都是蓝天白云，就很简单，特别是冬天，天天都是艳阳高照。(冬天光照条件是影响消费者旅游消费满意度及重复消费的外在客观环境因素) n.8.1 气候暖和，早晚也还是有点点凉飕飕的，但还是可以。最主要的是气候很好的。(气候条件是影响消费者旅游消费满意度及重复消费的外在客观环境因素) d.9.1 主要是水好，空气好，如果下次还要出来旅游，还会选择攀枝花。(水质也是影响消费者旅游消费满意度及重复消费的外在客观环境因素) b.9.3—5 老板对我们也挺关心，风土人情比较好，我每次离开的时候，我都还会交押金，每次回来房间都收拾得很干净。(人文环境是影响消费者旅游消费满意度及重复消费的外在客观环境因素)

续表

典型关系结构	关系结构的内涵	受访者的代表性语句
主观感知度→满意度及重复消费意愿	主观感知度是影响康养旅游消费满意度及其重复消费意愿的内在心理因素。	r.9.1—2 很满意,觉得很开心。(主观感知度是影响旅游消费满意度及重复消费的内在心理因素) s.9.1—3 我觉得在攀枝花我现在住的那个康养中心,我很满意,因为,我一到了那里感觉像到了自己的家一样,看到老板一家人,就像看到自家的亲人一样没区别。(主观感知度是影响消费者旅游消费满意度及重复消费的内在心理因素)

研究发现,影响康养旅游消费满意度及其重复消费意愿的因素有客观环境优越度和主观感知度两个方面,其中客观环境优越度通过主观感知度,影响消费者对康养旅游消费的满意度及其后续消费意愿。基于以上关系结构,本书确定了"客观环境条件优越度通过主观感知度影响消费满意度及其重复消费意愿"的康养旅游消费决策后行为核心范畴,以此为基础,本研究建构影响消费者满意度及其重复消费意愿的结构模型,即"客观环境条件优越—主观感知度—康养旅游消费满意度及重复消费意愿"模型,如图7-1所示。

图 7-1　康养旅游消费满意度及重复消费意愿结构模型

7.4　理论饱和度检验

理论饱和是指从获得的数据中,不能进一步发展某个范畴。理论饱和度检验就是决定停止采样的鉴定标准。为了确定数据的理论饱和度,本部分继续采取连续比较的方法,在连续比较了 22 个访谈对象的访谈数据后,没有发现新的范畴产生,即停止采样。现列举其中具有代表性的几个受访者的访谈数据作为例证。

a.9.3:吃得也可以嘛(吃得也可以——生活幸福),又安静清静(安静清净——生态环境好),还有老板对大家还多好(老板对大家好——人文环境好)。

d.8.1:最主要的原因是考虑到身体健康,这个地方冬天阳光充足,对身体很好。(冬天阳光充足——光照充足)

f.8.1—2:主要原因是攀枝花的冬天比较暖和(冬天比较暖和——气候条件好),空气比较好(空气比较好——空气质量好),这样人就少生病。

o.9.4:还是确实还是到他那里,因为他的这个环境呢要好些。(环境要好些——生态环境好)

i.9.3:在最适合老年人待的地方(最适合老年人待——生态环境好),这些好,让我们非去不可。

n.8.1：气候暖和，早晚也还是有点点凉飕飕的，但还是可以。最主要的是气候很好的。（气候暖和——气候条件好）

r.9.1—2：很满意，觉得很开心。（觉得很开心——生活幸福）

r.9.4：接触到那边当地的那些人朴实（当地人朴实——人文环境好），能一视同仁，我给当地人卖多少钱，给你外地人也会卖多少钱。

s.9.1—3：我觉得在攀枝花我现在住的那个康养中心，我很满意，因为，我一到了那里感觉像到了自己的家一样，看到老板一家人，就像看到自家的亲人一样没区别。（感觉像到了自己的家一样——人文环境好）

7.5 模型阐释和研究发现

根据上述分析发现，影响康养旅游消费满意度及重复消费意愿的因素有客观环境条件优越度和主观感知度两个方面。客观环境条件优越度是影响康养旅游消费满意度及重复消费意愿的外在客观环境因素，主观感知度是影响康养旅游消费决策满意度及重复消费的内在心理因素。客观环境条件优越度通过主观感知度影响消费者对康养旅游消费的满意度及其后续消费意愿。下面，对消费者康养旅游消费满意度及其重复消费意愿做具体论述。

1. 客观环境条件优越度对康养旅游消费满意度及重复消费意愿的影响

客观环境条件优越度影响消费者满意度是指康养旅游目的

地的生活环境条件优越，有利于消费者身心健康，消费者愿意在此环境条件下康养旅游，并愿意重复消费，反之，消费者就会感到不满意，并放弃重复消费。并非所有的客观环境条件都会影响康养旅游消费的满意度。本研究发现，影响消费者康养旅游消费满意度的客观环境条件主要有生态环境、空气、光照、气候、水质、人文环境6个范畴。

（1）生态环境是消费者康养旅游生活的自然环境，是消费者享受幸福生活的基础性条件。

实践表明，优美的生态环境可以带给人良好的感受，使人心情愉悦。如果消费者对康养旅游目的地的生态环境感觉满意，认为生态环境优美，对提升自己的生活质量有良好的帮助，有益于自己的身心健康，消费者就会觉得满意，提升消费满意度，并可能产生重复消费；如果对生态环境不满意，就可能降低消费满意度，并放弃重复消费意愿。根据对康养旅游消费动机、激励因素、抑制因素的综合分析可知，生态环境一直是影响消费者康养旅游的重要因素。消费者一致强调生态环境要好，要适合自己才能来参加康养旅游。在对康养旅游消费者的满意度访谈中，消费者也明确指出，生态环境好是影响消费满意度及其重复消费意愿的重要因素，如o.9.4"还是确实还是到他那里，因为他的这个环境呢要好些"；i.9.3"在最适合老年人待的地方，这些好，让我们非去不可"。由此可以看出，生态环境好对康养旅游消费满意度及其重复消费意愿的重大影响。

（2）良好的空气质量是高品质生活的必备条件。

特别在环境污染越来越严重的部分大中城市，人们对洁净空气的需求很强烈。康养旅游者普遍希望生活环境空气质量好，没有工业污染，空气湿度适中，不能太潮湿，如p.8.1"主要的原因是我觉得这个地方的天然氧吧很好"。实践表明，清新的空气能使人神清气爽，增进人的身心健康。生活环境的空气质量优良，能够使康养旅游消费者心情愉悦，增加消费满意度，增强重复消费的意愿。

（3）良好的气候条件对生活至关重要。

实践表明，极冷或者极热的气候都不利于人类的生活。良好的气候条件是发展康养旅游业的前提条件，在康养旅游业中处于基础性地位。现有研究结果一致认为，气候条件是康养旅游的基础，如任宣羽（2016）认为"康养旅游以良好的物候条件为基础"；潘杨刘等（2019）直接将"气候适宜度"作为评价森林康养资源的评价指标。康养旅游者普遍表示，康养旅游的目的就是为了躲避酷暑寒冬，到攀枝花或三亚康养旅游的目的就是为了过冬。接受访谈者绝大部分是因为攀枝花、三亚冬天温暖如春的气候而对此表示满意，如f.8.1—2"主要原因是攀枝花的冬天比较暖和"；n.8.1"气候暖和，早晚也还是有点点凉飕飕的，但还是可以，最主要的是气候很好的"。气候条件对于康养旅游者的满意度影响非常大，甚至因此而影响了消费者对整个康养旅游的看法。

（4）充足的光照是人类生活的必需品。

医学研究表明，适当地晒太阳有利于人的身心健康，特别是对长期居住在大城市，冬天很难照晒太阳的老年人群，冬天，充足的光照更是一种有利于身心健康的资源。康养旅游消费者正是这样一群人。康养旅游消费者普遍认为，充足的阳光是康养旅游的宝贵资源。希望过上天天艳阳高照，阳光灿烂的日子，如d.8.1"最主要的原因是考虑到身体健康,这个地方冬天阳光充足,对身体很好";j.8.4"喜欢那边天天都是蓝天白云,就很简单,特别是冬天,天天都是艳阳高照,太舒服了"。研究发现,冬天温暖充足的光照对旅游者的满意度和重复消费意愿影响较大。

(5)良好的水质也是优质生活的必然要素。

水是人体的重要组成部分,也是人体健康的重要保障。如果水质不健康不卫生,达不到健康生活的标准,就会影响人的身体健康。随着经济的发展,工业污染越来越严重,老百姓的环保意识越来越强烈,能够吃上健康的蔬菜水果,饮用优质健康的饮用水,越来越受到老百姓的重视,特别是生活条件较好的康养旅游者,更加重视水质的健康问题。因此,优质健康的饮水也对康养旅游消费者产生了重大影响。水质的好坏,成为消费者评价康养旅游是否满意的重要指标,如d.9.1"主要是水好";l.8.5"水好,吃的是山泉水"。可见,虽然水质好坏不是影响旅游者满意度的决定性因素,但是对其满意度也有重大影响。

(6)人文环境好指康养旅游目的地民风淳朴、治安情况好、主客关系融洽、生活和谐顺心。

人文环境对康养旅游消费者的满意度及其重复消费意愿也有很重大的影响,很大一部分受访旅游者对消费表示满意,很重要的原因都是因为人文环境好,特别是老板与顾客关系融洽,如e.9.2—5"满意。当你有什么问题的时候,你就用呼叫器,老板就会很快到你的面前,老板一家人都很好,如果你有什么问题,不管是白天还是晚上他们都会有车送你去医院,而且赶快通知家人，照顾得挺好的"。并且，人文环境还直接影响了康养旅游消费者的重复消费。很多消费者都表示是因为与老板关系处得好，所以愿意继续重复消费，如 h.9.1—5"虽然它医疗不好，交通不方便，但是我们还是很满意，他们人很好，对老年人都很照顾。下一年我们还要来这里，我们已经交了钱了，现在还不想挪地方"；s.9.2—3"我一到了那里感觉像到了自己的家一样，看到老板一家人，就像看到自家的亲人一样没区别，我们可能一直要住到走不动了才不来这里"。这符合康养旅游是一种生活方式的定义。因为虽为主顾，实为生活的共同体，双方要长期在一起生活，就必须要关系和谐融洽，如果关系不融洽，生活就不可能幸福。由于老板与游客关系融洽，让游客感觉到了家的温暖，所以游客对康养旅游表示满意，愿意继续消费，甚至一辈子都要重复消费。

本研究结论与目前的相关研究结果基本一致，如吴国清（2009）认为，消费者对于风景和环境的体验印象最为深刻，消费者的感受来自"开心"和"放松"的精神状态。但目前关于游客满意的研究还没有这么系统和深入，本书研究初次对康养旅游消费决策后评价因素进行系统深入的研究，这是本研究对旅游消费决策后行为研究的重要补充，弥补了康养旅游消费决策后行为研究的缺失。

2. 主观感知度对康养旅游消费满意度及重复消费意愿的影响

主观感知度是影响康养旅游消费满意度及重复消费意愿的内在心理因素。消费者的主观感受对于消费者的满意度及重复消费意愿具有重要的影响。做出评价的过程其实就是一个心理活动过程，消费者如果觉得在康养旅游目的地生活开心，幸福快乐，达到了自己的心理预期，就会对康养旅游表示满意，进而会愿意重复消费，如 r.9.1"很满意，觉得很开心"；s.9.2—3"我一到了那里感觉像到了自己的家一样，看到老板一家人，就像看到自家的亲人一样没区别，我们可能一直要住到走不动了才不来这里"。如果消费者认为在康养旅游目的地生活不开心，不快乐，没有达到自己的心理预期，就会对旅游消费表示不满意，拒绝重复消费。可见，心理感受是影响消费满意度及其重复消费意愿的重要因素。

3. 客观环境条件优越度与主观感知度影响康养旅游消费满意度及重复消费意愿的机制

客观环境条件与主观感知度虽然都对康养旅游消费满意度及重复消费意愿影响重大，但二者对消费者的影响机制不同。内因决定外因，外因通过内因起作用。客观环境条件要想影响消费者的满意度，要受到消费者的内心感受的影响。如果消费者感受到的客观环境条件符合自己的心理预期，则会产生满意的感觉；如果认为客观环境条件不符合自己的心理预期，则会感觉不满意。这也符合消费者购买决策理论，即消费者对其消费活动的满意度（S）是由其对旅游产品的期望（E）和该产品的可觉察性能（P）的函数，即 $S=F(E, P)$。本研究中，消费者对康养旅游产品的期望，即消费者对激励其做出康养旅游消费决策的激励因素与抑制因素的综合评价值（$E1$），康养旅游产品的可觉察性能，即消费者对激励因素所发挥作用的感受价值

（$P1$）。如果做出决策时的综合评价感受到的价值 $E1$ 等于消费过程中感受到的激励因素发挥的价值 $P1$，即 $E1=P1$，则消费者会感到满意，如果 $E1<P1$，消费者则会感觉到很满意，如果 $E1>P1$，消费者则会觉得不满意。这与已有的研究结论一致，如王红兰（2009）认为，当所有的参加者觉察到他们的买卖比率等于所有参加者各自的比率时就是公平的关系；当觉察到在参加者之间买和卖的比率不平等时，那么这种关系就被说成是不公平。这是本研究对现有相关研究的补充完善。

康养旅游消费决策机制编码分析

消费决策机制是指决策者做出消费决策的过程和形式，即由谁做出消费决策，怎样做出消费决策？消费决策机制对旅游者决定是否旅游、消费什么项目的旅游产品、去哪里旅游意义重大。根据计划行为理论，人的决策行为是经过深思熟虑的计划的结果。行为意向是预测和解释个体行为的最好方式。当前多数研究结论也认为，旅游决策是旅游者自己理性做出选择的过程，如邱扶东（2007）认为，旅游决策是指个人根据自己的旅游目的，收集和加工有关的旅游信息，提出并选择旅游方案或旅游计划，并最终把选定的旅游方案或旅游计划付诸实施的过程。Crotts 和 John 则认为旅游决策是指旅游者仔细评估旅游地和旅游产品各类信息，理性地选择可以满足旅游者需求的最佳方案（杨亮，2014）。保继刚（1988）指出，在外出旅游之前，消费者先收集旅游信息，然后根据喜好，理性做出决定。但也有学者认为旅游决策过程会受到非理性因素、偶然因素的影响，并不全然是理性的。Bettman，Luce 和 Payne 指出，很多情况下人类的决策并非完全理性，诸多因素限制会引起决策者的非理性行为。Mayo 和 Jarvis 也指出旅游决策具有弹性，旅游决策者可以根据环境变换调整自身决策行为。若决策者面临简单情形则采用的一般决策方式。当面对复杂情况时，应用外延性决策（杨亮，2014）。关于旅游消费决策的形式，约翰·斯沃布鲁克等（2004）则认为，旅游者消费决策是一个比较宽泛的过程，包含最初的旅游需求和欲望，对所搜寻到的旅游信息进行认知，关键的旅游决策行为以及旅游结束后的满意程度及评价。黄莉、丁于思、曹青等（2017），纪峰（2018）则认为旅游消费者在进行消费决策时通常会经历形成旅游动机、信息搜寻、评估选择、出游决策、游后行为五个阶段。邱扶东等（2007）也将旅游决策过程划分为五阶段，即需求产生阶段、信息收集阶段、最终决策阶段、消费阶段和反馈阶段。由于消费决策机制在整个旅游消费过程中的决定性地位，有必要进一步探索康养旅游消费者行为意向的形成机制和运行规律，增强预测和解释康养旅游消费者个体行为的有效性，提升企业营销决策的针对性和实效性，推动康养旅游企业的健康发展。

8.1 消费决策模式编码分析

8.1.1 开放式编码

为了系统分析消费者康养旅游消费决策的形成机制，本章首先探讨康养旅游消费决策行为模式问题，对深度访谈消费者所获取的关于消费决策主体和决策行为模式的原始数据进行开放式编码（Open Coding），对访谈中获取的所有可以编码的句子或段落进行概念化标签，达到将资料概念化的目的。编码时，首先对关于消费决策主体和决策模式的原始访谈数据进行逐字逐句的分析理解，对可以编码的数据进行初始概念化。为减少研究者个人的主观偏见、定见或者其他非客观的影响，本研究尽量使用被访谈人的原话（原汁原味的访谈者的口头语言）作为标签以从中发掘初始概念。通过初步分析，共得到70条原始数据以及相应的初始概念。为了节省篇幅，我们仅节选了30余条原始语句及初始概念。表8-1为我们得到的关于康养旅游消费决策主体和决策形式的部分初始概念形成过程。

表8-1　康养旅游消费决策模式初始概念形成过程

原始数据	初始概念
a.5.1 我自己做决定	a.5.1 自己决定
b.5.1 这完全是我个人做的决定	b.5.1 自己决定
b.5.2 了解信息，符合自己的需要，就决定来旅游了	b.5.2 了解信息，符合需要，决定旅游
c.5.1 就是我原来那个同学也是浙江的，所以就介绍我过来	c.5.1 同学介绍
c.5.2 去年10月29号航班通了，我们就赶快买票过来了	c.5.2 先了解信息，交通方便了才来
d.5.1 我和老头子一起做的决定	d.5.1 夫妻一起做决定
d.5.2 征求孩子们的意见	d.5.2 征求孩子们意见
e.5.2 子女也比较同意	e.5.2 子女同意
e.5.1 我自己做的决定	e.5.1 自己决定
f.5.1 是我自己做的决定	f.5.1 自己决定
g.5.1 主要都是老人自己做的决定	g.5.1 自己决定
g.5.2 获取信息首先是通过朋友口口相传	g.5.2 先获取信息
h.5.1 我们自己决定的	h.5.1 自己决定
h.5.2 决定了（给小孩）说一下就行了	h.5.2 决定后告诉孩子
i.5.1 我们自己的决定	i.5.1 自己决定
i.5.2 我们有电话告诉他们	i.5.2 电话告诉小孩
j.5.1 我不需要跟其他哪个人商量	j.5.1 自己决定
j.5.2 有帮人一起走，确定了就安排定下时间，然后做好准备，我们就往确定的地方走	j.5.2 朋友们共同商量
k.5.1 家人不用受累了，你也不受苦了	k.5.1 家人不受累，自己不受苦

续表

原始数据	初始概念
k.5.2 天气暖和了,你气管炎消了	k.5.2 天气暖和有利健康
l.5.1 我们自己做决定	l.5.1 自己决定
l.5.2 我们的娃娃也很赞成我们	l.5.2 孩子们赞成
m.5.1 我们的两个都愿意出来	m.5.1 都愿意出来
m.5.2 大邑县	m.5.2 大邑县
n.5.1 基本上我们两个	n.5.1 老两口自己决定
n.5.2 我喜欢清净一点	n.5.2 喜欢清净
o.5.1 做这个决定呢还是小孩	o.5.1 小孩做决定
o.5.2 因为他觉得他父亲嘛有这个毛病,过冬的时候就容易发这种病	o.5.2 小孩关心父母
p.5.1 我出来康养旅游就是我做决定	p.5.1 自己决定
p.5.2 我做决定跟子女商量,然后子女他们都答应我们、支持我们	p.5.2 父母做决定后跟子女商量
q.5.1 我们个人互相做决定	q.5.1 商量决定
q.5.2 我们每个人都是互相商量	q.5.2 互相商量
r.5.1 我决定的	r.5.1 自己决定
r.5.2 孩子他们在上班,他在忙他们的,我又不想打搅他们	r.5.2 不想打搅孩子
s.5.1 我们就跟子女商量,他们都很支持我们出来	s.5.1 跟子女商量决定
s.5.2 还亲自体验一下他们才放心	s.5.2 子女亲自体验才放心

开放式编码是对原始访谈数据逐字逐句进行编码、标签,从原始资料中产生初始概念、发现概念范畴。由于从原始资料

中获得的初始概念层次较低，甚至有重复交叉的情况，为了将初始概念范畴化，我们剔除了出现频次较少（频次不超过两次）的初始概念，只保留了出现频次在三次及以上的概念。然后将相关概念归类聚集，提炼出概念的范畴。通过连续比较，归类提炼，共归纳出 5 个范畴。为节省篇幅，仅列出了部分初始概念。各范畴对应的初始概念如表 8-2 所示。

表 8-2　康养旅游消费决策模式开放式编码范畴化

范畴	初始概念
自己直接决定	a.5.1 自己决定，b.5.1 自己决定，e.5.1 自己决定，f.5.1 自己决定，g.5.1 自己决定，h.5.2 决定后告诉孩子，i.5.1 自己决定，j.5.1 自己决定，k.5.3 自己决定，家人支持，l.5.1 自己决定，r.5.1 自己决定
单方直接决定	i.5.5 强制老公旅游，l.5.4 多数年纪大的人娃娃做决定，o.5.1 小孩做决定，p.5.3 夫妻一方决定，另一方听从
共同商量决定	c.4.3 与子女共同商量，d.5.1 夫妻一起做决定，j.5.8 朋友们互相商量，n.5.1 老两口自己决定，n.5.3 两个都觉得合适就走，p.5.1 自己决定，q.5.1 商量决定，i.5.4 儿女劝说，o.5.2 小孩关心父母，s.5.1 跟子女商量决定
经劝说后孩子支持并做决定	l.5.5 有的孩子不愿意老年人出来，l.5.6 不支持老人出来是不孝，m.5.1 都愿意出来，l.5.15 想通后支持康养旅游

续表

范畴	初始概念
详细了解信息后慎重决定	b.5.2 了解信息，符合需要，决定旅游，c.5.2 先了解信息，交通方便了才来，g.5.3 旅游前做好准备，i.5.6 早有打算，k.7.11 先做攻略，p.6.5 详细查看自然环境，p.6.9 认真查看康养中心，p.6.10 查看食堂条件，p.6.12 了解老板为人，p.6.15 多方面比较满意后入住，p.6.20 多处比较谨慎选择，k.6.9 综合考虑各种问题，f.6.1 关键是地方合自己心意

8.1.2 主轴编码

主轴编码的任务是发现范畴之间的潜在逻辑联系，发展主范畴及其副范畴，进一步发展范畴的性质和层面，使范畴之间的逻辑联系更加严密。根据不同范畴在概念层次上的相互关系和逻辑次序，本研究对各范畴进一步对比归类，共归纳出 4 个主范畴。各主范畴代表的意义及其对应的开放式编码范畴如表 8-3 所示。

表 8-3 康养旅游消费决策模式主轴编码形成的主范畴

类别	主范畴	范畴	范畴的内涵
单一决策	单一主体简单决策	自己直接决定	消费者根据自己的目标和收集到的信息，经过综合考虑，自己决定是否参加康养，在什么地方、什么时间康养
		单方直接决定	夫妻一方或子女根据收集到的信息，根据双方或父母的实际情况，做出康养旅游决定后告诉另一方或父母

续表

类别	主范畴	范畴	范畴的内涵
单一决策	单一主体慎重决策	详细了解信息后慎重决定	消费者在做出康养旅游消费决策前,通过多种途径,甚至亲自深入目的地了解实际情况,经过综合分析、反复比较,觉得对该康养旅游目的地比较满意后才做出康养旅游消费决策
复合决策	复合主体轻松决策	共同商量决定	夫妻之间、朋友之间或父母与子女根据收集到的康养旅游信息,共同商量决定是否参加康养,在什么时间、什么地点参加康养
复合决策	复合主体压力决策	经劝说后孩子支持并做决定	康养旅游需要取得子女同意,部分子女开始不支持父母外出康养旅游,经过反复劝说后转变态度,并与父母商量做出父母外出康养旅游的消费决策

8.1.3 选择性编码

选择性编码是在主轴编码的基础上,进一步系统地分析范畴与主范畴之间的逻辑关联,从主范畴中挖掘出核心范畴,并进一步分析核心范畴与主范畴及其他范畴的联结,并以"故事线"(Story Line)的方式描绘整体行为现象。本研究主范畴的典型关系结构如表8-4所示。

表 8-4　康养旅游消费决策模式主范畴的典型结构关系

典型关系结构	关系结构的内涵	受访者的代表性语句
单一决策→康养旅游消费决策	消费者自己、夫妻一方单独或子女替父母做出康养旅游消费决策	b.5.1 第一次来的时候是我的表妹给我介绍的,大概是 2018 年的 12 月份过来的,这完全是我个人做的决定,这里好不好我不知道,但是他解决了。(自己根据掌握信息做出康养旅游消费决策) p.6.9—13 首先看这些,然后你选定了你想去哪个农家乐,你就把农家乐都看一下,既然人家讲了,讲了我没去过,那么我都去看一下,首先我就看你伙房,我看伙房的条件设施如何,然后看他的食堂如何,食堂干不干净,他的设施如何,就这样子,这些是比较重要的。还有再是他的建筑,因为它是安居房改的嘛,这种房子肯定我不去,你看他是不是自己建造的房子还是新改造的房子,有很多人是一楼加二楼这样加的,那些我都要注意,我很注意这些东西知道吧?我比较注意这些东西,当然还有待人。年纪去了就了解了嘛,就是那个人是不是不地道,或者是黑起心肠赚钱,或者那些啥子剩菜你都拿来了二顿吃或者是干饭煮稀饭了,这种肯定我就不得去了。(自己认真查看康养旅游目的地的自然条件、人文环境,满意后才做决策)

续表

典型关系结构	关系结构的内涵	受访者的代表性语句
复合决策→康养旅游消费决策	夫妻双方，消费者与朋友、子女共同商量或在一定外来压力下做出康养旅游消费决策	j.5.8 出去旅游一般是我们一伙好朋友，就是说走哪儿去，大家只要觉得好，马上就去了。（朋友共同商量做出康养旅游消费决策） l.5.7—9 后来我说没得啥子，主要是我们出来是要增加朋友，还有大家都是同龄人，在一起的话，不管是生活也好，交流也好，啥子都比较好，就不像我们完了后来也想通了，所以说他们也很支持我们。（开始不理解，经过劝说后想通了支持父母康养旅游） n.5.3 就是说基本上都是互相将就，也不说是说走就走了，而是我们两个都觉得合适，就走。（夫妻互相商量做出康养旅游消费决策） s.5.1—2 原来我们子女们节假日爱带我们出去耍，就接着了一些朋友，朋友就给我们介绍哪些地方比较好，比如冬天到攀枝花，我们就跟子女商量，他们都很支持我们出来，最初还开车送我们，还亲自体验一下他们才放心。（父母子女商量共同做出康养旅游消费决策）

通过上述分析，本书确定了"单一决策和复合决策"两个核心范畴，以此为基础，本研究建构了康养旅游消费决策模式

的结构模型，如图 8-1 所示。

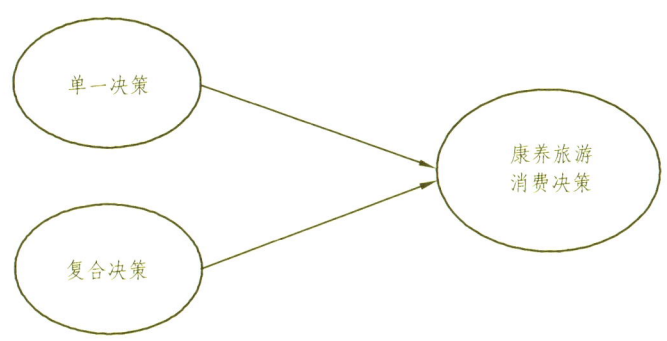

图 8-1　康养旅游消费决策模式结构模型

8.1.4　理论饱和度检验

为了确定数据的理论饱和度，本部分继续采取连续比较的方法，在连续比较了 20 个访谈对象的访谈数据后，没有发现新的范畴产生，即停止采样。现列举其中具有代表性的几个受访者的访谈数据作为例证。

b.5.1：第一次来的时候是我的表妹给我介绍的，大概是 2018 年的 12 月份过来的，这完全是我个人做的决定，这里好不好我不知道，但是他解决了。（这完全是我个人做的决定——自己直接决定）

j.5.8：出去旅游一般是我们一伙好朋友，就是说走哪儿去，大家只要觉得好，马上就去了。（大家只要觉得好，马上就去了——共同商量决定）

l.5.7—9：后来我说没得啥子，主要是我们出来是要增加朋友，还有大家都是同龄人，在一起的话，不管是生活也好，交流也好，啥子都比较好，就不像我们完了后来也想通了，所以说他们也很支持我们。（就不像我们完了后来也想通了——经劝说后孩子支持并做决定）

n.5.3：就是说基本上都是互相将就，也不说是说走就走了，而是我们两个都觉得合适，就走。（我们两个都觉得合适，就走——共同商量决定）

p.6.9—13：首先看这些，然后你选定了你想去哪个农家乐，你就把农家乐都看一下，既然人家讲了，讲了我没去过，那么我都去看一下，首先我就看你伙房，我看伙房的条件设施如何，然后看他的食堂如何，食堂干不干净，他的设施如何，就这样子，这些是比较重要的。还有再是他的建筑，因为它是安居房改的噻，这种房子肯定我不去，你看他是不是自己建造的房子还是新改造的房子，有很多人是一楼加二楼这样加的，那些我都要注意，我很注意这些东西知道吧？我比较注意这些东西，当然还有待人。年纪去了就了解了噻，就是那个人是不是不地道，或者是黑起心肠赚钱，或者那些啥子剩菜你都拿来了二顿吃或者是干饭煮稀饭了，这种肯定我就不得去了。（讲了我没去过，那么我都去看一下——详细了解信息后慎重决定）

s.5.1—2：原来我们子女们节假日爱带我们出去耍，就结识了一些朋友，朋友就给我们介绍哪些地方比较好，比如冬天到攀枝花，我们就跟子女商量，他们都很支持我们出来，最初还开车送我们，还亲自体验一下他们才放心。（我们就跟子女商量——共同商量决定）

8.1.5 模型阐释和研究发现

消费决策模式是指消费者做出消费决策的行为方式，即是由消费者自己直接做出消费决策，还是由多人共同商量做出消费决策，是简单做出消费决策，还是综合分析各种情况后在一定的压力下做出消费决策。消费决策模式是完成消费决策行为的关键因素。上述研究发现，康养旅游消费决策的模式主要有单一决策和复合决策两个范畴。单一决策模式是康养旅游消费决策的主要模式，复合决策模式是康养旅游消费决策的重要模式。下面，对康养旅游消费决策模式作具体论述。

1. 单一决策是康养旅游消费决策的主要模式

单一决策是指康养旅游消费者自己、夫妻一方单独或子女替父母做出康养旅游消费决策，然后由康养旅游者实施旅游。包括自己直接决定、单方直接决定和详细了解信息后慎重决定三个范畴。计划行为理论认为，人是理性行动的，并通过系统地利用可获得信息来决定是否采取行动。研究发现，康养旅游消费决策绝大多数都是由消费者根据自己的理想目标和收集到的相关信息，经过综合分析考虑后，直接决定是否参加康养，在什么地方、什么时间进行康养，夫妻一方或其成年子女根据收集到的信息，做出康养旅游决定后告诉另一方或父母。消费者在做出康养旅游消费决策前，都对旅游目的地的信息非常重视，要么根据可靠的朋友获取其认为真实可靠的信息后做出决策，要么通过多种途径，收集多方面信息，甚至亲自深入目的地考察掌握真实情况，经过系统分析、反复比较觉得符合自己心理预期后才做出康养旅游消费决策，如 h.5.1—3 "我们自己决定的，反正决定了说一下就行了。我们小孩儿不干涉我们，我们想去哪点就去"；p.5.3"由我选择，老伴就是听我的，就这样子，娃娃些①都依我的意愿，我愿意去哪就去哪，就这样子的，我的子女些都很孝顺"。研究发现，单一决策是消费者康养旅游消费决策的主要模式。这与本书前部分的研究结果吻合。此前研究发现，康养旅游消费者都是离退休的干部职工、专业技术人员或其家属，他们的经济地位都比较独立，考虑问题比较冷静全面，完全有机会有能力独立自主做出消费决策，但都对消费决策比较慎重，都会尽量获取真实可靠的康养旅游信息，经过全面分析后才做出理性消费决策。

2. 复合决策是康养旅游消费决策的重要模式

复合决策是指夫妻双方，消费者与朋友、子女共同商量做出康养旅游消费决策。夫妻之间、朋友之间或父母与子女根据收集到的康养旅游信息，共同商量决定是否参加康养，在什么时间、什么地点参加康养。有的子女起初不支持父母外出康养旅游，经过反复劝说，给予一定外部压力后才支持父母康养旅游，做出康养旅游消费决定，如1.5.7—9"后来我说没得啥子，主要是我们出来是要增加朋友，还有大家都是同龄人，在一起的话，不管是生活也好，交流也好，啥子都比较好，就不像我们完了后来也想通了，所以说他们也很支持我们"；n.5.3"就是说基本上都是互相将就，也不说是说走就走了，而是我们两个都觉得合适，就走"。本研究发现，康养旅游消费者的子女、朋友也是做出消费决策的重要主体。这与本书前面的研究成果一

---

① 些：四川方言，意为"们"。

致。前面研究发现，参加康养旅游消费的旅客主要是退休前工作稳定、收入较好的离退休干部职工、专业技术人员及其家属，他们子女也大都是受过良好教育，工作稳定，收入有保障的成年人，因此，子女们基本上不需要父母给予经济上的帮助，相反，他们完全有能力承担父母的康养旅游费用，为父母购买康养旅游消费服务，表达子女对父母的孝心。另一方面，由于夫妻长期共同生活，夫妻一方对另一方的身体状况、兴趣爱好、性格特征等情况了如指掌，完全可以根据双方的情况综合考虑，做出双方都能够接受的消费决策，然后告诉另一方参加康养旅游。或者朋友之间互相商量，彼此互相包容、迁就，做出双方都能接受的康养旅游消费决策，一起外出参加康养旅游。与单一决策模式相比，复合决策模式形式更加复杂，涉及主体更多，决策的规律更加复杂多变。

本研究发现与现有的研究成果并不一致。根据现有研究，一般认为消费决策都是由旅游者做出决策的过程。如邱扶东（2007）认为，旅游决策是指个人根据自己的旅游目的，收集和加工有关的旅游信息，提出并选择旅游方案或旅游计划，并最终把选定的旅游方案或旅游计划付诸实施的过程。Crotts 和 John 认为旅游决策是指旅游者仔细评估旅游地和旅游产品各类信息，理性地选择可以满足旅游者需求的最佳方案（杨亮，2014）。本研究发现，做出康养旅游消费决策的不仅仅只有康养旅游者本人，还包括旅游者的亲人和朋友，甚至由亲人做出决策以后，旅游者直接参加康养旅游。做出决定的模式也有单一模式和复合模式两种。这是本研究的另一个重要发现。

8.2 康养旅游消费决策机制分析

8.2.1 康养旅游消费决策机制模型

根据计划行为理论，人们的行动是由有意识的动机引导的，并非无意识的自发行动。本研究发现，康养旅游消费决策正是决策主体在一定的消费动机的驱使下，自觉收集处理康养旅游消费信息，综合比较各方面的影响因素，做出康养旅游消费决策的主动行为过程。其中消费者康养旅游的消费动机包含内在动机和外在动机两个范畴。内在动机和外在动机相互作用，相互影响，共同形成了消费者康养旅游消费决策的行动机制。决策者获取康养旅游信息的来源渠道包括熟人渠道、网络媒体渠道和商业渠道三个范畴。熟人渠道是消费者获取康养旅游消费信息的主要渠道，消费者绝大多数信息都来源于熟人介绍或者消费者之间的信息交流，熟人渠道是决策者最信任的信息来源渠道。网络媒体渠道和商业渠道属于决策者获取康养旅游信息的辅助渠道。研究发现，消费者对通过网络媒体或者商业渠道获取的相关信息，还要通过其他途径或者亲自深入现场，验证信息属实后才会根据信息做出康养旅游消费决策。康养旅游消费决策的影响因素包括激励因素与抑制因素两个类别。激励因素包括外部环境条件优越和心理预期满足两个主范畴。外部环境条件优越包括生态生活环境优良和生活保障条件充分两个范畴，心理预期满足是指康养旅游项目符合消费者的内在心理预期。抑制因素包括外部环境条件较差和安全保障不到位两个类别。外部环境条件较差包括生态生活环境不优越和生活保障条件不满足两个主范畴。研究结果表明,如果外部环境条件不符合决策者的心理预期,决策者将会慎重选择消费或者会影响消费者重复消费决策。安全保障因素是影响康养旅游消费的决定性因素,如果环境条件达不到决策者的安全预期,决策者将会放弃消费或者会更换消费项目。影响康养旅游消费满意度及其重复消费意愿的因素有客观环境条件优越度和主观感知度两个类别。客观环境条件优越度是影响康养旅游消费满意度及消费者重复消费意愿的客观因素,主观感知度是影响康养旅游消费决策满意度及消费者重复消费的主观因素。客观环境条件优越度通过主观感知度影响消费者对康养旅游的满意度及其后续消费意愿。康养旅游消费决策包括单一决策和复合决策两个范畴。单一决策模式是康养旅游消费决策的主要模式,复合决策模式是康养旅游消费决策的重要模式,两者共同形成了康养旅游消费决策的行为模式。根据消费者决策理论和计划行为理论,结合上述故事线,本研究建构了康养旅游消费决策机制结构模型,如图 8-2 所示。这一模型与现有的研究成果如王红兰(2009)的家庭旅游消费决策模型有较大的差异。

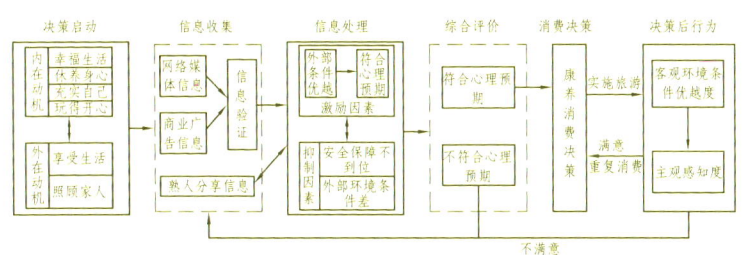

图 8-2 康养旅游消费决策机制结构模型

8.2.2 康养旅游消费决策机制模型阐释和研究发现

旅游消费决策机制是指决策者做出旅游消费决策的过程和形式。本书的消费决策机制特指康养旅游决策者为了满足其康养旅游消费需求，在各种信息的刺激下，经过反复论证，综合评价，做出康养旅游消费决策的过程。本书研究发现，康养旅游消费决策是一个复杂的行为过程。下面分别进行论证。

1. 康养旅游消费动机与消费决策

根据计划行为理论的逻辑思维，消费动机是康养旅游消费决策的逻辑起点。消费者康养旅游的动机包含内在动机和外在动机两大类，这与目前普通旅游消费动机的研究结果一致。本研究关于康养旅游动机的发现与现有研究结果不一致之处在于：研究发现，消费者康养旅游的内在动机由幸福生活、休养身心、充实自己和玩得开心四个主范畴构成，外在动机由享受自然和照顾家人两个主范畴构成。幸福生活是康养旅游消费者的目的性动机。包括轻松生活和与同龄人一起开心生活两个范畴。受访者普遍表示，康养旅游就是为了轻松过日子，如 b.2.2 "这个地方的好处就跟我啥子安，因为我平常在家里面自己买菜要去做饭，很恼火，所以我在这个地方很满足"。与同龄人一起开心生活也是康养旅游消费者的主要动机，消费者普遍表示希望能与同龄朋友一起，或者来到一个同龄人聚集的地方，大家在一起融洽地生活，如 1.2.4 "有很多的在康养的老人就比在家头养老的话就好得多，心情愉快"。休养身心是消费者康养旅游的主要动机。大多数康养旅游者认为，康养旅游的一个主要目的就是为了身体健康，为了休养身心。在旅游中学习新知识，体验新的生活方式，不断充实提高自己，也是消费者康养旅游的重要动力来源，如j.2.1"充实自己"。玩得开心也是康养旅游消费者的重要追求。受访者普遍认为，康养旅游就是要玩得开心，哪里能够玩得开心就到哪里去康养旅游，如e.2.1"目的是我过得比较愉快"。享受自然是康养旅游消费者的初始性动机。几乎所有的受访者都表示康养旅游就是为了躲避寒暑，享受自然。认为只有在冬暖夏凉的地方生活，才算是真正的康养旅游，如c.2.1"我的目的就是过来过冬的"。照顾家人则是消费者康养旅游的特殊动机。多位受访谈者明确表示，自己康养旅游的一个重要目的就是为了"不拖累子女""不给子女添麻烦"，如l.2.1"主要目的就是说我们老了过后不给子女添麻烦"。这是中华民族"尊老爱幼"传统美德的新体现。

上述分析可知，消费者实施康养旅游，既有提高生活质量，充实自己、身心健康、延年益寿的内在需要，也有躲避寒暑、照顾家人的外在动力，内在需要与外在动力相互影响，共同建构了消费者康养旅游消费动机理论。

2. 康养旅游信息与消费决策

旅游信息的收集与处理是康养旅游消费决策的关键环节。消费者的康养旅游信息主要来源于熟人渠道、网络媒体渠道和商业渠道三个范畴。熟人渠道主要是指熟人、朋友介绍康养旅游信息与消费者之间互相分享信息。熟人渠道是消费者获取康养旅游信息最主要也是最信任的信息渠道，康养旅游消费者主要是通过熟人或者认识的其他消费者获取康养旅游信息，并且对通过熟人渠道获得的信息更加信任，如 h.3.4—5"更相信朋友的介绍，因为是他亲身体验的地方，它的优点、缺点啊，他自己亲身体验了的，比如网上的都不是很那个，都是朋友介绍"。网络媒体渠道是消费者获取康养旅游信息的辅助渠道，包括网络媒体和传统媒体两个范畴。网络媒体是康养旅游者获取康养旅游信息的途径之一，但康养旅游消费者通过网络媒体获取康养信息的比例不高，而且大多对通过网络媒体获得的信息持谨慎态度，获取信息后往往还要亲自深入现场考察，验证信息真伪后才做出康养旅游消费决策。通过商业渠道获取康养旅游信息的游客也较少，并且对通过商业渠道获取的康养旅游信息也持谨慎态度，如 h.3.3 "街上有些传单啊！然后自己去体验嘛！"。可见，康养旅游消费者主要是通过熟人获取旅游信息，网络渠道和商业渠道对康养旅游消费者的影响有限，这与传统旅游信息的研究结论不一致。

3. 康养旅游消费决策影响因素与消费决策

影响因素是决定消费决策的重要内容。根据计划行为理论，非个人意志完全控制的行为不仅受行为意向的影响，还受执行行为的个人能力、机会以及资源等实际控制条件等的制约。上述模型表明，康养旅游消费决策也受众多影响因素的制约。康养旅游决策影响因素包括激励因素与抑制因素两大类。激励因素推动消费者做出康养旅游消费决策，抑制因素阻滞消费决策的形成。两种因素相互作用、相互影响，共同推动消费者做出康养旅游消费决策。

（1）激励因素对消费决策起正向促进作用。

决策者经过充分收集有利消费的相关信息，并对这些信息进过反复论证、充分评估，认为激励因素包含的内容能够满足自己的心理消费预期，则做出康养旅游消费决策，如果不符合其心理预期，则重新收集信息，选择其他项目或者放弃消费。本研究发现，促使决策者做出康养旅游消费决策的因素包括外因和内因两大类，外因是指刺激决策者做出康养旅游消费决策的外在环境条件，包括生态生活环境和生活保障条件两个主范畴。生态生活环境对康养消费决策起着至关重要的促进作用。其中气候条件在消费决策中起决定性作用，所有的康养旅游消费者都表示，康养旅游最主要的目的就是为了避寒避暑，寻找冬暖夏凉之地更好地生活。可见，冬暖夏凉的气候环境条件是康养旅游的基础性条件、前提性条件和决定性条件，没有良好的气候环境，就谈不上康养旅游。但这里的气候条件不仅仅是指冬暖夏凉，还包括湿度适中，不要过于潮湿，如 a.6.1 "关键因素就是不潮湿，干燥"；c.6.1—4 "最关键的是气候，环境，空气，但是最主要的是气候"。生态环境对康养旅游消费决策的激励作用也非常重大，几乎所有的消费者都表示康养旅游目的地的环境要好。但这里的环境并不要求是名胜风景，主要是指植被良好、风景优美、安静舒适，有利于康养旅游消费者休养身心，如 d.6.1 "最看中的是环境"；g.6.1 "第一个就是因为环境"；n.6.1 "反正最主要的必须要是环境很好，因为现在环保是提到第一位的"。人文环境对消费决策的激励作用也非常明显，康养旅游者普遍希望有良好的人文环境，在康养旅游过程中人际和谐，生活开心快乐，如 l.7.2 "对于我们老年人的晚年来说，能够有一个宽松、愉快、团结、心情好，这样就好了"；p.7.1 "在那个地方去康养都是个大家庭，最重要的就是一个和谐团结，不要分啥子贵贱高低"。

生活保障条件是影响康养消费决策的重要因素，包括生活条件、交通条件和医疗条件三个范畴。研究表明，康养旅游是一种全新的生活方式，参与康养旅游就是为了提高生活品质，因此，必须要有良好的生活保障条件。生活保障条件在康养旅游中发挥保障性功能，只需要达到生活的基本要求即可，并不需要达到享受型标准。首先是交通条件要有保障，否则会影响消费者决策，如 g.6.2 "然后交通的方便程度，交通便利很重要，我之前在丽清原住了一个多月就走了，因为交通不方便，它不通车，我们要进城，买东西看病就没有办法，那个老板很热情，给我打了很多次电话叫我去，他那里交通不方便，我就没有去"。其次是生活设施设备要齐全，如 p.6.17 "起码的设施的话你都要达到，是不是？起码有橱柜和衣柜，或者是去洗手间，要供应热水，不是说 24 小时都要供应，但是需要热水的时候就要供应"。医疗卫生条件对消费决策也有一定的影响，如 q.6.9 "其他我觉得还要考虑卫生条件、医疗保健那些"。研究发现，康养旅游消费者对生活保障条件的要求并不高，只要能够满足生活必需即可，但是如果不能保证，则会影响消费决策。

上述因素是激励决策者做出消费决策的间接因素。要促使决策者做出消费决策，还必须要符合决策者的内在需求，即满足决策者的心理预期。内因才是激励决策者做出消费决策的直接因素。不管外在刺激因素如何充分，必须要符合决策者的心理预期，决策者才会最终做出消费决策。如果外在因素所蕴含的价值不符合决策者的心理价值预期，决策者将会选择其他康养旅游项目或者做出不消费的决定。这与目前的研究成果一致。

但康养旅游消费决策的外在因素主要包括气候环境、生态环境、人文环境、交通条件、生活条件和医疗条件六个范畴，这与目前的研究成果具有较大差异。

（2）抑制因素对决策者的反向阻滞作用。

抑制因素与激励因素相比，多了一个价格因素和一个安全因素。价格因素影响消费决策是指如果决策者感觉收费不合理，就会选择其他康养旅游项目或者选择不消费。这可以看出，虽然康养旅游消费者不很看重价格问题，价格合理不能作为激励决策者做出决策的因素，但如果价格不合理，价格问题就可能会成为阻滞消费决策的一个因素。抑制因素当中还有一个非常重要的因素就是安全问题。安全问题在旅游消费决策过程中是一个决定性因素，如果决策者认为康养旅游目的地的安全状况达不到要求，就会拒绝消费或选择其他地方消费，没有任何变通的余地。这是符合马斯洛需求层次理论的。根据马斯洛的需求层次理论，安全需要是人的第二层次需要，重要性仅次于第一层次的基本生理需要。需求层次理论认为，整个有机体是一个追求安全的机制，人的感受器官、效应器官、智能和其他能量主要是寻求安全的工具。安全需要属于人最基本的需要，只有安全需要获得满足后，更高一层的需要才出现。本研究发现，消费者参与康养旅游的目的包括：获得他人的尊重、获得友情、能独立自主、不受打扰地独处，这些都是属于高级需要，只有低层次的需要满足后才能发展更高层次的需要。因此，如果康养旅游目的地的安全得不到保障，决策者就会直接拒绝进行康养旅游或者选择其他安全的地方康养旅游。由此可以发现，虽然激励因素特别是气候、环境等因素在决策者心中的地位非常重要，但相关的激励因素与抑制因素在决策者的决策过程中的地位是不一样的。其中最基层的是生活保障条件，其次是安全因素，然后才考虑气候环境条件和人文环境条件。相关因素在决策中的重要性如图 8-3 所示。这是符合康养旅游者群体的基本特征，也是与中国的国情相吻合的。经过四十多年的改革开放后，中国的经济已经有了很大的发展，群众的基本生活水平已有很大的提高，基本生活问题已经不再受到人们的过多关注，特别是本研究的受访对象，基本是衣食无忧的离退休老同志，康养旅游的目的就是为了提高生活水平，追求更加幸福的生活品质，基本生活已经不再是他们重点关注的内容，他们的关注重点已经是更高层次的精神需求。因此，在决策时几乎都不考虑设施设备的奢华，只要求能够配合老年人的生活起居，使他们生活方便就行，如 p.6.17"起码的设施的话你都要达到"；q.6.8"我们不追求啥子繁华，但是衣食住行要比较方便"。

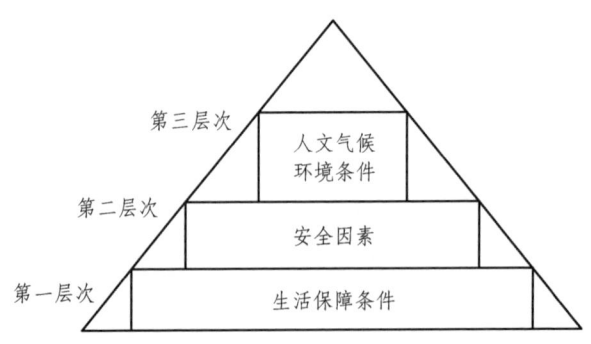

图 8-3　康养旅游决策信息重要性层次结构模型

（3）决策者对激励因素和抑制因素的综合评价。

计划行为理论认为，人的行为是经过深思熟虑的计划的结果。康养旅游消费决策即是一个决策者对激励因素与抑制因素的综合选择评价过程。一方面,激励因素不断推动决策者做出消费决策;另一方面,抑制因素又不断阻滞决策者做出消费决策。决策者对激励因素与抑制因素进行反复选择评价,最终,如果综合评价结果符合自己的心理预期,则做出康养旅游消费决策,如果不符合预期,则放弃康养旅游,或者进一步收集相关信息,进行新的一轮评价,如此循环往复,直至做出满意的决策。可见,决策者在做出康养旅游消费决策前都要进行综合性分析评估,然后再根据评估结果做出决策。正因为如此,这符合消费者购买决策的一般模式,即"刺激—个体生理、心理—反应"(S-O-R)。但与现有的其他关于旅游决策模型的研究成果不尽一致,如科特勒行为选择模型认为"消费者购买行为的反应不仅要受到营销的影响,还要受到外部因素的影响"。尼科西亚模式(1966)也认为,首先是企业的态度影响消费者的态度。本研究发现,康养旅游消费者购买行为主要是受外部因素的影响,包括生活保障条件、人文气候环境条件和安全因素,受企业营销的影响较小。恩格尔模式同样强调外界信息在对人的动机形成的影响作用,认为是外在信息包括商品、大众传媒、企业促销引起了人的需求动机。霍华德—谢思模式认为,投入因素和外界因素包括产品的质量、价格、特性和广告媒体是购买的刺激物,它通过唤起和形成动机,提供各种选择方案信息,影响购买者的心理活动(内在因素)。本研究发现,康养旅游消费者往往是先有内在消费动机,康养旅游的消费动机主要是由于对"幸福生活"的向往,而非是受"企业的态度""商品"和"大众传媒"等外在因素的刺激。访谈发现,部分康养旅游消费者其实在政府和企业正式提出康养旅游之前，已经在进行类似的"康养旅游"生活，从被访谈对象的康养旅游次数可见，部分康养旅游消费者的康养旅游次数都在20次，有10年以上，他们参加康养旅游的时间远远早于中国政府提出"康养旅游"概念的时间。可见，"康养旅游"概念也可说是政府和专家学者对老百姓现有生活方式的总结和升华。

上述研究发现，决策者做出康养旅游消费决策是一个理性的心理过程。这与目前关于旅游决策的研究结果一致。如Crotts和John认为旅游决策是指旅游者仔细评估旅游地和旅游产品各类信息，理性地选择可以满足旅游者需求的最佳方案（杨亮，2014）。但是由于康养旅游与其他旅游形式的差异，决策者对康养旅游消费决策显得更加重视，表现出与一般旅游消费决策不一样的行为特征，主要表现为对决策更加慎重，更为理性。为了做出比较满意的决策，决策者可能会进行多轮反复的收集信息和综合评价，个别有条件的决策者甚至亲自到现场踏勘，认为各方面都符合自己的预期以后才做出消费决策，如e.6.1 "各方面的条件都要比较好"；f.6.1 "关键的是这个地方是否合自己的心意，我现在住的就比较合我的心意"；如p.6.5 "我看了两次，首先我看它的植被好不好，另外它的河流与安居房有多远，我要去看，因为就是看他山上的岩石是滚石还是基岩，基岩就是不滚动的，还要看它的颜色"。不仅反复查看，有的游客甚至对生活中的点点滴滴都要自己亲自检查，认为符合自己的心理预期后才做出决策，如p.6.10 "我没去过，那么我都去看一下，首先我就看你伙房，我看伙房的条件设施如何，然后看他的食堂如何，食堂干不干净，他的设施如何，就这样子，这些是比较重要的"。这些都是与普通旅游者消费决策不一致之处，也是在其他旅游消费决策研究中没有发现的。这也符合康养旅游是一种更高品质的生活方式的定义。正因为康养旅游是一种更高水平的健康生活方式，一旦做出决策，旅游者今后相当长的时间将在目的地生活，如果决策不当，对旅游者今后一段时间的生活的影响将是无法想象的。这也符合老年人做事更加稳重的特征。当然，也不排除理性中包含了非理性的因素，因为心理活动本来就是一个包含感性因素的过程。康养旅游消费决策"符合决策者预期"本来就是一个感性选择过程，正如 Bettman, Luce 和 Payne 研究指出，很多情况下人类的决策并非完全理性，而是诸多因素限制或者引起决策者的非理性行为（杨亮，2014）。

4. 康养旅游决策后行为与消费决策

消费决策后行为是指消费者评估购买获得的消费品价值，并通过相关行动表达出对决策的满意或不满意的行为。研究发现，影响消费者康养旅游消费满意度及其重复消费意愿的因素有两个，即客观环境条件优越度和主观感知度。客观环境条件优越度是影响消费者康养旅游满意度及其重复消费意愿的客观环境因素，主观感知度是影响消费者康养旅游满意度及其重复消费意愿的主观心理因素。影响消费者康养旅游消费满意度的客观环境条件主要有生态环境、空气、光照、气候、水质、人文环境六个范畴。消费者的主观感受对于消费者的满意度及重复消费意愿具有强烈的影响。购后的满意程度决定了消费者的重复消费意愿，如 s.9.2—3 "我一到了那里感觉像到了自己的家一样，看到老板一家人，就像看到自家的亲人一样没区别，我们可能一直要住到走不动了才不来这里"。

客观环境条件与主观感知对消费者的影响机制不同。客观环境条件是影响康养旅游消费决策的间接因素，主观感知度是影响康养旅游消费决策的直接因素。客观环境条件优越度要影响消费者的满意度，受到消费者的主观感知度的影响，要通过主观感知才能发挥作用。消费者只有感受到的客观环境条件价值符合自己的内在心理预期，才会产生满意的感觉，如果消费者感受到的客观环境条件价值不符合自己的心理预期，则会产生不满意的感觉，进一步影响后续消费意愿。

上述研究表明，康养旅游消费决策是一个主观的理性决策过程。是决策者在消费动机主观思想的指引下，在全面收集与处理环境及社会文化等方面的信息，对激励因素与抑制因素进行综合评估的基础上，根据个人的内在需求，理性做出符合心理价值预期的决策过程。

研究结论与讨论

本研究针对康养旅游消费的实践问题，通过实证研究聚焦回答了以下五个关键的理论问题：康养旅游的内涵主要包括哪些因素？康养旅游消费动机的构成因素包括哪些？消费者获取康养旅游消费信息的渠道有哪些？影响康养旅游消费决策的因素有哪些？消费者是怎样做出康养旅游消费决策的？为了清晰地阐释并回答上述问题，本书采用了半结构访谈法和扎根理论分析方法，取得了一定的理论进展和实证证据。具体内容总结如下。

9.1 研究结论

康养旅游是中国新常态下健康产业改革的创新发展模式，是中国国家旅游发展战略的新兴产业。在中国政府的大力支持和推动下，康养旅游已经成为中国现代旅游业发展中的亮点和新热点，康养旅游产业也成为推动中国经济发展和提高人民生活水平的重要引擎。但由于康养旅游基础理论研究不够系统不够深入，理论对产业发展的指导性不足，一定程度上致使康养旅游产业出现空虚化和盲目化的趋势，影响了康养旅游产业的健康发展。本研究采用扎根理论研究方法，从康养旅游消费者的角度入手，系统研究了康养旅游的内涵，康养旅游消费动机，影响康养旅游消费决策的因素、决策形式和决策机制，影响消费者满意度及重复消费意愿的因素，建构了康养旅游消费决策过程理论框架，主要结论如下。

1. 康养旅游的内涵包含客观环境条件因素和主观感知因素两个方面

客观环境条件因素包括良好的生活条件、良好医疗卫生条件、良好的生态气候环境与和谐人文社会环境四个主范畴，主观感知因素包括精神愉悦和人性化服务两个主范畴。其中良好的生活条件是康养旅游的前提条件，医疗卫生条件是康养旅游的必备条件，良好的生态气候环境是发展康养旅游的基础性条件，和谐人文社会环境是康养旅游的保障性条件。精神愉悦包括娱乐享受和身心愉快两个范畴，人性化服务包括老板服务态度和游客对各方面的感受两个范畴，属于康养旅游更深层次的价值体验。

2. 消费者康养旅游的动机包含内在动机和外在动机两个方面

内在动机包括幸福生活、休养身心、充实自己、玩得开心四个主范畴。外在动机包括享受自然和照顾家人两个主范畴。享受自然包括躲避寒暑和享受环境两个范畴。躲避寒暑是康养旅游的原始动机，幸福生活是康养旅游的目的性动机。内在动机和外在动机相互作用，相互影响，共同构成了消费者康养旅游的消费动机。

3. 消费者获取康养旅游信息的渠道主要有三个主范畴

消费者获取康养旅游信息的渠道主要有三个主范畴，即熟人渠道、网络媒体渠道、商业渠道。熟人渠道是消费者获取康养旅游信息最主要的渠道，也是消费者最信任的信息来源渠道。网络媒体渠道和商业渠道是康养旅游消费者获取康养旅游信息的辅助渠道，通过网络媒体和商业渠道获取康养旅游信息的消费者仅为少部分，而且决策者对通过网络媒体和商业渠道获取的康养旅游信息持谨慎态度，要通过信息验证后才会利用。

4. 影响康养旅游消费决策的因素包括激励因素与抑制因素两大类

激励因素包括外部环境条件优越和心理预期满足两个主范畴。外部环境条件优越包括生态生活环境优良和生活保障条件充分，心理预期满足主要是指康养旅游项目符合消费者的心理预期价值。外部环境条件优越是激励消费者康养旅游消费决策的外在环境条件，其中生态生活环境优良包括气候环境良好、生态环境优美、人文环境和谐三个范畴，生活保障条件充分包括交通条件便利、生活条件优越、医疗条件方便三个范畴。满足心理预期是影响消费者康养旅游消费决策的内在因素，也是影响消费者康养旅游消费决策的决定性因素。抑制因素包括外部环境条件较差和安全保障不到位两个类别。外部环境条件较差包括生态生活环境不优越和生活保障条件不满足两个主范畴，安全保障不到位是抑制康养旅游消费决策的决定性因素。

5. 影响康养旅游消费满意度及重复消费意愿的因素包括客观环境条件优越度和主观感知度

客观环境条件优越度是影响消费者康养旅游消费满意度及重复消费意愿的外在客观环境因素，包括生态环境、空气、光照、气候、水质、人文环境六个范畴；主观感知度是影响康养旅游消费决策满意度及其重复消费的内在心理因素。客观环境条件优越度通过主观感知度影响消费者对康养旅游消费的满意度及其后续消费意愿。

6. 康养旅游消费决策的模式主要有单一决策和复合决策两个范畴

单一决策模式是康养旅游消费决策的主要模式，复合决策模式是康养旅游消费决策的次要模式。康养旅游消费决策的主体包括消费者本人、家人和朋友。康养旅游消费决策是一个理性的心理抉择过程。其中激励因素对决策者起正向促进作用，抑制因素对决策者起反向抑制作用。决策者做出决策的过程，就是一个对激励因素和抑制因素的综合评价过程。激励因素与抑制因素只有经过决策者的综合评价，符合决策者的内在需求，即满足决策者的心理预期价值，决策者才会做出消费决策。如果外在因素不符合决策者的心理预期价值，决策者将会选择其他的康养旅游项目或者放弃康养旅游消费。

9.2 理论贡献

本研究对康养旅游消费者的消费决策过程进行了全面系统的考察，取得的理论贡献主要包括以下几个方面。

本研究的第一个理论贡献是：采用扎根理论方法，系统研究了康养旅游的内涵及消费者康养旅游的消费动机。

第一，关于康养旅游的内涵研究，以往的学者主要采用描述方法，概括性研究康养旅游的内涵，如任宣羽（2016）认为康养旅游的内涵包括三个层次；吴后建等（2018）讨论森林康养的内涵，认为森林康养包含五个方面的内涵。目前缺乏对康养旅游内涵的系统性研究。由于康养旅游的内涵不明确，导致中国康养旅游产业出现空虚化和盲目化趋势。本研究采用扎根理论方法，建构了康养旅游内涵理论，包括良好的生活条件、医疗卫生条件、生态气候环境与和谐人文社会环境四个客观范畴，精神愉悦和人性化服务两个主观范畴。与传统的研究成果比较，康养旅游的内涵不仅包含生态人文环境、生活卫生条件等客观范畴，还体现了精神感受和人性化服务两个主观范畴。本研究的主要贡献在于，康养旅游内涵理论更准确地描述了康养旅游的内涵特征。

第二，旅游动机的内涵研究是学者最热衷的领域，已有学者（保继刚，1987）对旅游动机做了全面的描述性分析，并有学者（Gnoth，1997）建构了动机和期望形成过程模型，还有学者专门研究了消费认知、消费动机与消费行为之间的关系，但是缺乏对消费者康养旅游消费动机的研究。本研究通过扎根理论方法，首次发掘出消费者康养旅游消费动机结构要素，建构了消费者康养旅游内在动机和外在动机互动理论模型。本研究的主要贡献在于，能够更深入认识康养旅游消费者的旅游消费动机，准确把握消费者康养旅游消费动机的作用机制特征。

本研究的第二个理论贡献在于，建构了康养旅游信息渠道及可信性理论。旅游信息的收集和处理是消费者旅游消费决策的关键环节，国内外学者关于旅游信息的研究主要集中在旅游信息的来源渠道和信息的可信性两个方面，已经取得了一定的研究成果，但研究不够深入，成果还有相互冲突的现象，缺少对康养旅游消费信息的研究。本研究从消费者的角度出发，首次深入探索了康养旅游信息的收集渠道及可信性问题，建构了康养旅游信息渠道及可信性理论，即熟人渠道、网络媒体渠道、商业渠道三个范畴。熟人渠道是消费者获取康养旅游信息的主要渠道，并且对通过熟人渠道获取的信息比较信任。本研究的进展在于采用扎根理论方法，初次准确描述了康养旅游消费者获取旅游信息的渠道和信任机制。

本研究的第三个理论贡献在于，建构了康养旅游消费决策机制理论。旅游消费决策研究目前主要集中在旅游消费决策的概念、影响因素、决策机制三个方面，国内学者已取得丰硕成果，但研究不够系统，本研究从激励因素、抑制因素、决策模式和决策机制四个方面对康养旅游消费决策机制进行了深入系统的研究。

第一，关于激励因素的研究主要集中在中国学者。中国学者关于旅游消费决策激励因素的研究分两个阶段，开始主要借鉴国外研究成果，从心理因素方面研究其对旅游决策行为的作用。现阶段主要是结合本国国情开展旅游决策研究，出现了特殊群体旅游消费决策行为的影响因素研究，但缺乏对康养旅游消费决策激励因素的研究。本书首次深入探索了消费者康养旅游消费决策的激励因素，包括外在因素和内在因素，即生态生活环境优良、生活保障条件充分、心理预期满足三个范畴。本研究的主要贡献在于，采用扎根理论方法，建构了康养旅游消费决策激励因素理论，明确了康养旅游消费决策激励因素的构成要素。

第二，抑制因素研究主要集中在西方学界。西方学者一方面利用定性或定量的方法发掘旅游消费决策抑制性影响因素，另一方面把旅游决策作为因变量研究对各类影响因素变化的响应，缺少对康养旅游者消费决策抑制因素的研究。本研究从消费者的视角出发，采用扎根理论方法，深入探讨了影响消费者康养旅游消费决策的滞碍因素。本研究的贡献在于，建构了康养旅游消费决策外部环境条件较差和安全保障不到位抑制因素理论。

第三，关于消费决策的模式，中西方都没有专门研究。本研究从消费者的角度，深入探讨了康养旅游决策者做出消费决策的形式，建构了单一决策和复合决策模式理论。包括单一主体简单决策、单一主体慎重决策、复合主体轻松决策、复合主体压力决策四个主范畴。本研究的理论贡献在于，单一决策和复合决策模式理论能够更准确地了解康养旅游消费者决策的主体范畴和决策形式。

第四，建构了康养旅游消费决策后行为理论。消费决策后行为是消费决策的重要一环，目前这方面的研究主要集中在探讨其功能作用、行为分类方面，对其影响机制的研究不够深入；本研究采用扎根理论方法，深入研究了消费决策后行为对消费决策的深层次影响，建构了消费决策满意度及重复消费意愿理论模型。本研究的主要贡献在于，消费决策满意度及重复消费意愿理论能够准确地理解影响消费者康养旅游消费决策后行为的因素，准确把握消费者的消费满意度及其重复购买行为趋势，进一步准确把握消费者康养旅游消费决策的影响因素。

第五，建构了康养旅游消费决策机制理论。综合上述四个部分的研究内容，本研究建构了康养旅游消费决策机制模型，包括消费动机、信息收集、影响因素、决策模式四个范畴。其中消费动机包括内在动机和外在动机两个范畴，影响因素包括激励因素与抑制因素两个类别。激励因素包括外在因素和内在因素两个范畴，外在因素通过内在因素对决策者发挥作用；抑制因素包括外在环境条件和安全因素两个范畴，两个因素分别对决策者发挥作用。决策者在消费动机的指引下，通过收集环境、社会和文化等方面的信息，对激励因素和抑制因素进行综合评价，做出理性的消费决策。如果评价结果符合决策者的心理预期价值，则做出旅游消费决策；如果不符合决策者的心理预期价值，则做出不消费的决策，或者重新收集相关信息，进行综合评价满意后再做出决策。本研究的理论贡献在于，康养旅游消费决策机制模型能够准确把握康养旅游消费者做出消费决策的过程和行为模式。

9.3 管理实践启示

本研究系统探讨了康养旅游消费决策过程，对于政策制定者和康养旅游企业正确理解康养旅游的内涵特征，全面把握康养旅游消费者的消费动机、信息收集渠道、消费决策机制和影响消费者满意度及重复消费意愿的因素，正确制定康养旅游产业发展政策和企业发展规划计划，塑造良好的康养旅游企业形象，制定有针对性的营销策略，提升企业的发展潜力，具有重要的启示。

1. 为制定康养旅游产业政策提供了方向指引

康养旅游是一种新的生活方式，康养旅游的内涵包括客观环境条件和主观感知两个方面的内容。客观环境条件因素包括良好的生活条件、医疗卫生条件、生态气候环境与和谐人文社会环境四个主范畴,主观感知因素包括精神愉悦和人性化服务两个主范畴。其中良好的生态气候环境和生活条件是发展康养旅游的基础性条件,精神愉悦和人性化服务是康养旅游的深层价值体验。因此,制定康养旅游产业政策,必须要以良好的生态气候环境条件为基础,既要注重生活条件、娱乐设施、医疗卫生条件等硬环境条件建设,还要加强软环境条件的建设,建构安全和谐的人文社会环境,注重企业管理服务人才队伍培养,提升康养旅游业的整体服务水平和层次。

2. 为康养旅游企业的发展提供了解决策略

游客满意是康养旅游企业生存和发展的根本保障。本研究发现,消费者康养旅游是为了过上更加幸福的生活。影响消费者康养旅游满意度及其重复消费意愿的因素既有客观环境条件,又有主观感受。客观环境条件包括生态环境、空气、光照、气候、水质、人文环境六个范畴,主观感受是康养旅游消费者对在康养旅游目的地生活的主观感知,是影响康养旅游消费决策满意度及消费者重复消费意愿的心理因素。内因决定外因,外因通过内因发挥作用。客观环境条件要想影响消费者的满意度,受到消费者的内心感受的影响。因此,康养旅游企业的发展规划计划,除了加强生态环境建设,改善康养旅游目的地的环境条件外,更要加强管理服务水平建设,强化服务观念,与康养旅游者建立和谐的人际关系,转变服务态度,提升服务质量和服务水平,为顾客提供温馨体贴的服务,让顾客在康养旅游中过得开心,玩得愉快,生活幸福,身心健康,感觉到家庭般的温暖和关怀，提升顾客的满意度和重复消费意愿。

3. 为康养旅游企业制定营销计划提供了明晰路径

制定并实施针对性强的营销计划，提升营销绩效，是康养旅游企业发展的重要内容。本研究发现，影响康养旅游消费决策的因素包括激励因素与抑制因素，激励因素包括外在因素和内在因素两个主范畴。外在因素包括生态生活环境和生活保障条件，内在因素主要是指康养旅游消费者的心理预期。其中生态生活环境包括气候环境、生态环境和人文环境三个范畴，生活保障条件包括生活条件、交通条件、医疗条件三个范畴。内在因素是激励康养旅游消费决策的心理因素，安全因素是抑制康养旅游消费决策的决定性因素。康养旅游决策者获取旅游信息的渠道有熟人渠道、网络媒体渠道和商业渠道。熟人渠道是决策者获取康养旅游信息最主要的渠道，也是消费者最信任的信息渠道。因此，康养旅游企业制定营销计划，应充分考虑气候环境、生态环境和人文环境、生活条件、交通条件、医疗条件等六个激励因素，避免抑制因素的出现；营销对象应以离退休的老同志及成年家属为主，宣传途径要充分利用现有的康养旅游消费者，通过顾客及其熟人朋友途径进行"滚雪球"推广；宣传内容要尽量详细、真实，杜绝虚假信息的出现，提高信息的可信性。

9.4 研究局限与展望

从总体上看，虽然本研究采用严谨的研究设计，建构了消费者康养旅游消费决策过程的理论框架，并取得了一定的理论进展，但由于康养旅游作为新兴的研究领域，正处于理论探索与建构阶段，本研究还存在一定程度的局限与不足：

1. 总体研究设计受到现有理论思维模式的限制

由于本研究的主旨在于探究中国新时代背景下，影响中国康养旅游产业发展的因素和消费者康养旅游消费决策机制，实现康养旅游产业的健康持续发展，在研究结构上根据消费者购买决策理论，将本研究分为消费动机、消费信息获取、消费决策和消费决策后行为四个逻辑阶段，依次探讨每一个环节的相关因素，与康养旅游企业的结合不够紧密。在今后的研究设计中，可以结合康养旅游的本质特征，选取不同类型的康养旅游企业及其消费者，进一步检验影响康养旅游产业发展的因素和消费者决策机制，深化对康养旅游产业的理解与把握。

2. 样本收集不够全面，影响了研究结果的信度和效度

由于受疫情和时间等多方面因素的影响，本研究主要以在攀枝花和海南地区康养旅游的游客作为访谈对象。访谈对象来源相对单一，大部分来自四川，全是离退休的干部职工、专业技术人员及其家属，都是到攀枝花、海南过冬的，缺少不同地区、不同时间段和年龄段的康养旅游消费者和决策者。在今后的研究中，可以结合康养旅游的本质特征，选取来自不同地区、不同时间段、不同年龄层次和不同消费层次的康养旅游消费者，提高信息来源的可靠性，提升研究结果的信度和效度。

3. 研究方法不够科学,研究结果有待进一步验证

本研究虽然采取逻辑严密的扎根理论方法,严格遵守扎根理论的方法步骤,尽量避免研究者的主观性和片面性,但作为一种研究方法,扎根理论方法在信度和效度等方面仍然存在很多不足,研究结果缺乏进一步的检验。为了使本研究得到的结论具备更强的说服力,后续还需要进一步结合实证定量研究方法,将本研究中的一些范畴进行概念化和操作化,利用问卷调查或者心理与行为实验等定量方法,来验证和深化研究结论,进一步提高研究结果的信度和效度。

附录 1 "康养旅游消费决策过程"
访谈提纲

1. 您认为康养旅游应该包含哪些内容（什么样的旅游才算康养旅游）？

2. 请问您参加康养旅游的主要目的是什么？

3. 您是通过哪些渠道获得康养旅游信息的？您更相信通过什么渠道获得的康养旅游信息？

4. 您知道有哪些比较好的康养旅游目的地？您更喜欢哪里？请您谈谈喜欢它的理由。

5. 您出来康养旅游是谁做的决定，您自己还是您的家人？请您谈谈您出来康养旅游之前做决定的过程。

6. 您选择去某一地康养旅游的关键因素有哪些？

7. 您认为决定进行康养旅游时，最应该注意哪些方面的问题？

8. 您选择到攀枝花/三亚康养旅游的主要原因是什么？

9. 你对此次康养旅游是否满意？为什么？您今后是否还来攀枝花/三亚康养旅游？

10. 请谈谈您对攀枝花/三亚康养旅游的看法？您觉得有哪些需要改进的地方？请谈谈您的建议。

11. 在康养旅游过程中，有没有让您印象比较深刻的事？如果有，请您详细讲一下，让您印象深刻的原因是什么？

附录2 受访者资料一览表

序号	性别	年龄	职业	文化程度	居住城市	康养次数	曾经康养旅游目的地
a	女	84	管理人员	初中	成都	7	攀枝花
b	女	79	干部	大专	成都	10	三亚、成都彭州、大邑
c	男	84	管理人员	初中	成都	4	三亚、海口、深圳
d	女	70	教师	大学	成都	12	三亚、昆明、成都周边
e	女	80	干部	中专	六盘水	20	珠海、三亚
f	男	82	军人	大学	六盘水	20	珠海、三亚
g	女	68	干部	中专	成都	6	广州、米易、攀枝花
h	女	68	干部	大专	成都	7	三亚、北海、西双版纳
i	女	80	工程师	中专	乌鲁木齐	10	三亚、珠海、昆明
j	女	62	会计	高中	眉山	2	六盘水、雅安、
k	男	85	干部	大学	成都	14	西昌、攀枝花、成都大邑

续表

序号	性别	年龄	职业	文化程度	居住城市	康养次数	曾经康养旅游目的地
l	女	80	干部	大专	武汉	5	三亚、珠海
m	男	82	干部	大学	武汉	5	三亚、珠海
n	男	79	管理人员	中专	长春	2	攀枝花
o	男	64	教师	大学	沈阳	4	三亚
p	男	82	军人	大学	乌鲁木齐	10	三亚、珠海、昆明
q	女	75	技术员	中专	江油	4	三亚、厦门、江油
r	女	61	铁路工人	高中	兰州	2	成都黄龙溪
s	女	70	技术员	初中	重庆	7	昆明、贵阳、攀枝花
t	女	77	军人	大学	成都	20	深圳、成都彭州
u	男	76	干部	大学	北京	15	三亚、攀枝花
v	男	68	管理人员	专科	北京	10	攀枝花、三亚

附录3 访谈资料整理节选（受访者 k）

访谈对象：苟××
性别：男
年龄：85 岁
职业：干部
康养旅游次数：14 次
访谈时间：2020 年 5 月 31 日 20:00—21:00
访谈地点：攀枝花学院行政办公楼 306 室
访谈形式：电话访谈

1. 您认为康养旅游应该包含哪些内容？什么样的旅游才算得上是真正的康养旅游？

答：康养旅游首先是要健康，是老年人颐养天年的一个健康生活环境。其次就是温度、湿度、自然环境要宜居。比如说冬天要在一个暖和且空气质量好的地方，周围绿化环境也是比较好的。这是一个最基本的条件。第二方面就是自然环境有了，接下来就是吃、住、行都应该有。比如说我们去攀枝花那个地方，大的环境是很好的，我们住的农家乐环境方面也不错，这是最起码应该具备的条件，基本的环境、温度、湿度，还有居住下来的吃住行。除开这两方面还要有娱乐，为啥子？因为我们住的地方很多人就说年龄大了，腿就不灵便了，就这样子安安心心住下来。那么还有一部分就是 55～70 岁之间的老年人，腿脚还比较好的，除了正常的食住行和环境以外，还需要有精神上的要求——娱乐。我们看到过一个地方，专门设立了图书室，能够满足喜欢看书的这部分人的信仰，并且也鼓励大家借阅、交换图书，另外就是各自家中有不要的书籍都可以拿出来进行交换，拿到图书室之后找专业的职业者来统一分类、保管，这就是精神层面的娱乐。还可以让老板发动兴趣团体，比如说成立歌唱团、舞蹈团、球队等。

我知道的就是三亚、北海的海滩处，各种团队都有，所有的都是相应的爱好者，他们有些时候是需要收费的，但是价格一般也就几十块钱，毕竟组织一批人也比较辛苦，可以理解。

一个点要办好的话，除自然环境、人文环境方面，还需要这样的活动来留住大家。我去年就到那边去了，有一部分五六十岁的人就待不住，他们就觉得早上起床后就应该出去走走，然后回家看看电视或者打打牌，但是不愿意做这些的，文化课又没有，唱歌跳舞也就十来个人，氛围就完全出不来。

另外，我感觉攀枝花在短途旅行方面还有点欠缺，和成都不一样，成都这边就是很多短途旅游，一两天就能往返的地方，并且广告宣传也是做得非常好，以后也可以随时看到宣传就去参加活动，但是攀枝花这边需要我们自己去街道上询问旅行社，对方也不屑组织这些相应的活动，感觉赚不到什么钱一样。实际上去攀枝花的人很多，各种各样的。去住了一段时间之后想去走动走动，但是又约不到人。比如说要满一车人才去找一个包车师傅，但是万一包车师傅出现车祸，这么多人的责任谁来承担，组织的人肯定是没能力承担的，如果有旅行社就会给你投保，责任就在旅行社的身上，也会有相应的保险公司来承担，但是如果你自己去约人，万一出现了事情，还都是七老八十的人，这方面我们也是非常担心的。

你们那里旅行社也不要说什么小钱了，等你形成这种氛围组织后，哪里还是什么小钱。当然了，它有个不好就是拉你去买东西，旅行社没出钱，企业它拉去买东西，企业就招待我们吃饭，旅行社就没招待我们吃饭，它只出了点车费，除了车把这些人载去，我们去要一两个景点，但是要拿一个小时来把你载到卖东西的地方，要请卖东西的人商家，实际上就除了我们旅行的人的饭钱，当然你去买了，人家也不强迫，它就搞的是这种活动。所以我们这里人还多喜欢搞，经常跑到我们院子里头来宣传，就是说除了气候环境，还有老板的经营环境、吃住行、娱乐这些，我想到的就是这些，比如说图书室，像我晓得的西双版纳景洪，他们的经济票有200多号人在西双版纳，200多号人一个酒店还住不下，他们住了三个酒店，这三个酒店西双版纳他们已经搞了几年了，我的朋友他都是唱京戏的，他就爱好这个，我在那听，他们弄的好得很。他的爱好者当中还有一些大老板，他就出钱来，那个大老板买口罩，就发过13个人的口罩给他们，一人一个，这几个人还发了其他啥子纪念品什么样的东西。

当然我不是说喊你们要去发动这些运营商，就说有些东西你把气候弄起来，就像西双版纳。另外西双版纳还有一个问题，那个地方应该是空气比较好的，但是灰尘又很重，就是因为山上的植被太少了。年前的时候这边山上一直烧山，我们有朋友就打电话去问，咋个一天到晚都在烧，我们要是有粉尘过敏的人就待不住，这个烧起来空气就恼火了，还有风一刮，尘土飞扬,我们来本来就是要避雾霾才跑到半山腰来,又吸到有灰尘的空气,就有点不安逸。但是听说他们烧山是有计划的,有专业技术人员在指导,如果不烧就容易引发火灾,那我们也可以理解,但是大面积的黄土露出来,只要一刮大风就很容易影响空气质量,粉尘就特别大。比如你跟农民说,这摘了果树,那下面就还可以再重点菜把黄土盖上。反正这就是我的建议,以前我回成都的路上过了一个隧道,过了就是各种植被覆盖到的就是,阳光灿烂,确实是在山上,可能也和地质有关,石头也比较多,但是黄土上面可以种啊,我却看到基本上也都是空着的。如果说比较陡峭也不可能让人家去种庄稼,这样就可以种种花草树木嘛。

你看现在人家沙漠里头都可以种,你也就可以想办法搞嘛。当然你要为了防止火的话,你那个隔离带我们也理解,但至少还是把外面的黄土覆盖到嘛,不然一弄就灰尘满天,这是它存在的一个问题。另外我就是不知道仁和那里有没有游泳池,你们仁和那边的那些地方还是打造的比较好,仁和街上的广场也还可以,就是清洁卫生方面还有待改进。

2. 请问您参加康养旅游主要目的是什么呢?

答:我也是因为过敏,我到了冬天有哮喘,所以才必须离开成都,要不然没法生活。所以要去其他地方,我前些年是在三亚,后来都在景洪,然后又到北海银滩,那我就给你交个底,北海银滩很好,但是湿度大。景洪湿度不大,但是有个问题,满大街基本都是烧烤,一到了晚上五六点钟就开始营业,半夜三更都还在烤,整得我们就很难睡好。我们这些过敏的人,哮喘的人就很恼火,所以我就没去了。在攀枝花呢我们住在乡下,这样我们也就闻不到哪些烧烤的气味，主要就是到处烧山有点恼火，包括有些农民都没有搞清楚，有点垃圾就开始烧。如果一直这样我们以后都不敢去了，因为我们本来就是怕。景洪好的地方是因为挨着公园，也是挨着澜沧江，所以环境也就特别好。主要就是因为烧烤的油烟闻了不舒服，所以就不想去了。所以你们如果是要做康养旅游，要和农民做好思想工作，就是一些容易分解的就埋土里就可以了，根本不用烧。比如说一部分不易分解的你们就可以集中运走，老是这里烧那里烧的，闻到这个烟就特别恼火，老年人选择这个地方就是冲着空气、环境去的。

3. 您是通过哪些途径获得了这些康养旅游的信息？

答：我们有朋友的，我们一个圈子几百号人，这个说这儿好，那个说那儿好，然后还要跑去比较，去年我先是到了，因为我们一拨人一共是 200 多号，都有经济票，我也喜欢热闹就去了。我先去住了 4 天，我跟你说有油烟腥气，我很恼火，然后住店的宾馆的老板娘还多好，她说我给你换一个房间换到另一面，换到另一面也有，我就回去了。我就打听，我有朋友在海南，在海南的东方市，又在海南的三亚市，有在海南的陵水，还有在海南的文昌，这些地方都是非常好的，但非常贵。我们的资金只有那点，就不敢去海南，海南的空气是最好的，因为我们钱少了，我原来去海南，结果消费要高点，租房也好，吃住也好。当然据说是有便宜的，但是我没找到。我有朋友他们那儿去住的很高档的社区楼房，还是很贵，所以我就没去。还有一个地方是平的，但风很大，然后北海那边又潮湿了一点。

当然还有一些其他地方，但我想找个离家近的，离成都近的，所以就选攀枝花，攀枝花我有朋友在那里住过几年，预定了两个点，两个点我首先到邓×那里，去了就比较喜欢，走得开，他院子里头也走得开，伙食也比较合口味，所以我就住那里了。另外一个地方我预交了钱但都没去了，那边老板还把钱退给我，还邀请我过去耍。其他的就没去了，就在攀枝花。

4. 请问您知道有哪些比较好的康养旅游的目的地？您更喜欢哪里？

答：有个地方想去，我现在等于是随着年龄越来越大，就想离家近一点，离家近点儿女要来也方便。还有他们说是米易好，我也去耍过一回，但还没确定好好的地方，如果以后要到攀枝花，还是要在郑×那儿去，他的规模要大点，缺点就是说娱乐方面要差一点，我们就喜欢散散步啊，听听音乐啊这些。我们就是希望攀枝花把旅游搞起来，还有你们的司机，最奇怪的是你上了车到了一个地方，你问了这个地方叫啥子？这儿有啥子特色？说不出来，一问三不知。司机应该在你上了车，给你报沿途有啥子，说得溜熟。我在攀枝花，我问司机这是啥子不晓得，有啥子特色不晓得。因为我说我要到云南的景点耍，我们住在攀枝花市，人家说你自己约，你约了6个人，你来找我。我跟他约了6个人，万一有个人摔了都白干了，我也赔不起，老板都不自己去约。你要搞点一日游，我把你父母拉进去或者住一晚上，你的生意都来了，你要带动整个地方，他们这方面做得比较粗糙。

5. 请问您出来康养旅游是谁做的决定？

答：在屋头我不走的话，你在医院里头去躺起，他们不是一家人，大人娃儿都跟着受牵连，一会要去照顾你，你出去了他们不是轻轻松松的吗？家人不用受累了，你也不受苦了，你出去了过后，天气暖和了，你气管炎消了，它也不发了。还有自己少受罪，家里面人也不来受累，所以大人娃儿一家人都喜欢我出去，我也喜欢出去，也少给家里添麻烦。我自己做的决定，他们也支持我。

6. 您选择到某地去康养旅游，您认为那个地方吸引你的最关键的因素有哪些？

答：当然首先还是气候，气候要温暖，环境要好，空气质量这些都是前提。还有要有人，你光是你一个人孤孤单单，你在这儿咋办？所以要有朋友，就算你去一个很小的地方，都必须要有朋友一起。如果比较人多的地方，比如说邓×，他们那儿最多的时候是一百多号人，少的时候都是几十个。如果不约人一个人去，也有人跟你耍，这儿人多，总还是有的人给你合得来，比较相投的人也可以一起耍。前提是要暖和、安静，伙食口味也要合适，像我们在三亚去了一家不行我们就换一家。像我的情况是我们9个人在1个酒店，那边是东北人，伙食的口味我们就不习惯。在哪里住了十几天就走了，换了另一家，就是伙食上面还是要加强卫生，整个环境，吃的东西还是要干净一点，这些问题都是要综合考虑的。

7. 您决定参加康养旅游的时候，觉得要注意哪些方面的问题？

答：出门在外很多事情都要考虑到，医疗方面就是首先要准备的，比如说我心脏有问题，有过敏，有气管炎、哮喘，还有痔疮，还有肠胃病等，所有的生活用品、药品等都要准备齐全，以防万一，就算不用我也要准备起。有时半夜烟子熏的，嗓子很不好受，我就说你赶快去把哮喘药拿来喷，几分钟我喉咙就松开了，要不然你整个半个小时，可能就把命丢了，所以这个是肯定要考虑的。因为医药这个方面很重要，所以不能去一些比较远的地方。还有平常的日常用品，肯定要把它带起，我要到一个地方，我都会先把这些了解好，打听清楚。比如离市场多远，离医院多远，很多东西都要带齐，如果带不走的就办理托运，把东西全部打包收好。如果他那个地方能够买的，我就觉得不用去操这个心，这些你都是要考虑的，衣食住行首先都要做攻略，比如说我要到攀枝花来之前，气温是多少？然后人文环境、自然环境你通通都了解了，然后农家乐离街上有多远。

然后我们的朋友在那里住过几年，他跟我讲了一些东西，这些都要了解清楚，包括你下了飞机赶哪路车，有没得车，到时候进了城，先要跟老板联系好，公寓在什么地方，这些都是出门之前需要了解清楚的，比如说我要到一个新地方，都要住公寓，现在网络很发达，可以先在网上先把它查到，然后朋友些在群里头也发一条信息，你们哪些要到哪儿去的，有啥子需要注意，所以我们了解的途径很多，大家相互分享就了解齐了。我到一个新地方，我都事先做攻略，衣食住行都是要考虑的，特别是医药方面，你想吧那些地方山里头，有些药你都买不到的，我都在成都华西去把它买到，你背不动你就把它寄走。

8. 您想着到攀枝花来康养旅游，最主要的原因是什么呢？

答：主要是过冬。我之前说过，因为我有哮喘气管炎，住的地方要暖和，之前那边烟子熏，所以我就走了。我去的时候那边登记高峰期还没有过，七八月份是登记人的高峰期，我是十月份去的，在我去的时候都还没完全过，所以我不是很害怕，我就一个人走了。后来我们的朋友在那住几个月都没得事,整个人也不是必须查,他是问诊搞到起病人,然后再来找你才缠人。

9. 您到这边来康养旅游,自己觉得满不满意?

答:我之前提到过的,首先黄土面积太大了,风一吹就黄沙漫天。当然这个你做不到,要政府来慢慢地来做工作,那里山太多,就慢慢地让农民搞一些土地种草来减少黄土的面积。有些地方种不了庄稼,可以种点草来覆盖。这些不办农家乐的人感觉与他无关,可能他也没重视,像这种必须要政府而且要有经济投入解决,可能有点困难。娱乐方面要把旅游和一日游搞起来。

10. 今后还来攀枝花旅游吗?

答:还是要来,不过我来的话也就是在镇里面住。

11. 您在这些年康养旅游的过程当中,有没有印象很深刻的一件事情?

答:我最深刻的事情就是在三亚的时候,遇到一个姓张的成都人,我叫她张姐,当时停水了,她就去她同住那里提了一桶水回来。就跟她说,水箱里头还有一桶水,够你用了。我再提一桶水预备在这儿,然后她就出去了。这个张姐她要去上厕所,她就忘记了周姐给她说的,水箱里头有一桶水,你就一按就冲了,她又怕臭到别人,她就去提了一桶水。刚刚一提就把腰椎伤了、骨折了,周姐和另外一个妹儿就把她弄到医院去,骨折了之后她是走不了路的,然后就拿车推起走,我们住的这个地方到市区还有点距离,然后赶车①去,一路推着她去医院检

---

① 赶车:四川方言,意为"坐车"。

查,检查完拿了药又推回来。就在这里躺了一个多月,同屋子那个人就照顾她。实际上都是到那里才认识的,大家都去看望她。就是说出门在外还是要互相关心,老人多少都有毛病。当然我沿途也还是遇到一些好人,也都要帮我,所以人家有什么问题我们也要互相帮助嘛。这种互相帮助还是比较多,比如说有个北京的曹大夫,他平常和大家一起谈得来,结果走的时候因为他是一个人,我说一个人还是送他到机场,人家是那么远地从北京到三亚。七八十岁的老太婆了,你心情又觉得比较欣慰。像这种事情很多,我们那里头,这些人互相关心,互相帮助。当时因为我沿途都遇到还是好人,他们都帮我很多。比如说我在三亚,人家又说婆婆她比我年龄还大,我去的时候什么都没有。然后她把她的东西瓶子给我一大堆,后来我不用了就还给了她。这样一来我就不用买了。走的时候她帮我提东西,两个包裹,她一只手提一个,看地图人家都有帮我的,当然我也帮别人,大家都互相关心。我们在外边要互相关心。

参考文献

[1] 杨亚萍，黄静波. 国内康养旅游研究进展回顾与思考——基于 CiteSpace 知识图谱分析[J]. 湘南学院学报，2019，40（2）：37-44.

[2] 任宣羽. 康养旅游：内涵解析与发展路径[J]. 旅游学刊，2016，31（11）：1-4.

[3] 鲍兰平，谢岚琳."互联网+"背景下三亚康养旅游产品构建与营销策略研究[J]. 商业经济，2019（3）：49-50.

[4] 向前. 发展森林康养产业的几点思考[N]. 巴中日报，2015-11-22（003）.

[5] 刘丽勤. 久藏深闺的木王国家森林公园[J]. 陕西林业，2004（4）：28.

[6] 王赵. 国际旅游岛：海南要开好康养游这个"方子"[J]. 今日海南，2009（12）：12.

[7] 吴后建，但新球，刘世好，等. 森林康养：概念内涵、产品类型和发展路径[J]. 生态学杂志，2018，37（7）：2159-2169.

[8] 尹萍."互联网+"背景下康养旅游产品创新思维与营销策略研究[J]. 当代旅游，2019（8）：21-22.

[9] 陈才，刘艳华，孙洪娇. 温泉游客旅游决策、旅游体验与购后行为研究——以大连为例[J]. 旅游论坛，2011，4（3）：17-21.

[10] 何莽. 基于需求导向的康养旅游特色小镇建设研究[J]. 北京联合大学学报（人文社会科学版），2017，15（2）：41-47.

[11] 贺漫，杜新月，刘君妍，等. 基于需求导向的灵空山康养旅游特色小镇建设研究[J]. 乡村科技，2018（21）：25-27.

[12] 陈素平，谭梅兰. 基于网络文本分析的康养旅游目的地形象感知探析[J]. 广西经济管理干部学院学报，2019，31（2）：83-91.

[13] 张群. 中医药旅游者满意度实证研究[J]. 市场论坛，2013（4）：78-79+82.

[14] 程玉，王艳平. 互联网背景下温泉旅游的意识体验与健康期权[J]. 河北旅游职业学院学报，2016，21（1）：20-25.

[15] 刘民坤，杨小杰，李威. 基于推—拉理论的康养旅游行为影响因素研究——以广西巴马为例[J]. 四川旅游学院学报，2018（1）：36-40+56.

[16] 高丹. 2017年成绵两地退休人员康养旅游需求现状分析[J]. 旅游纵览（下半月），2018（4）：39-40.

[17] 王瑷琳. 国内康养旅游服务产品的开发策略探析[J]. 中国商论，2017（34）：39-40.

[18] 邱扶东，汪静. 旅游决策过程调查研究[J]，旅游科学，2005（2）：1-5.

[19] 保继刚. 旅游者行为研究[J]. 社会科学家，1987（6）：19-22.

[20] 孙颖. 旅游消费动机与消费偏好的关系研究——以90后大学生为例[J]. 黄冈师范学院学报，2016，36（2）：31-33.

[21] 杨卫东. 中国传统价值取向对旅游消费动机的影响[J]. 重庆工商大学学报（社会科学版），2003（6）：101-102.

[22] 权小勇. 旅游消费动机的心理根据[J]. 经济论坛，2008（1）：70-72.

[23] 王红兰. 城市家庭旅游消费决策过程分析[J]. 济南职业学院学报，2009（6）：13-16.

[24] 王春雨. 国内外女性旅游消费行为研究综述[J]. 旅游纵览（下半月），2014（22）：49-50.

[25] 范舟行. 试析女性旅游消费动机[J]. 湖北经济学院学报（人文社会科学版），2015，12（5）：43-44.

[26] 孙琳. 国内邮轮旅游者消费行为与动机研究[J]. 旅游纵览（下半月），2015（22）：218-220.

[27] 赵金岭. 当代中国语境下高端体育旅游产品消费动机研究[J]. 特区经济，2019（1）：103-105.

[28] 岳贤锋. 旅游期望理论对体育旅游消费动机的影响[J]. 西安体育学院学报，2014，31（6）：679-682.

[29] 李英吉. 黑龙江省大学生旅游消费动机研究[J]. 商，2013（15）：366+339.

[30] 赵爱民，陆恒芹，朱蔚琦. 大学生旅游消费决策行为与旅游制约因素分析——以江苏高校为例[J]. 市场周刊（理论研究），2017（1）：32-34.

[31] 徐锦雅. 基于皖西学院大学生的旅游消费行为调查研究[J]. 市场周刊（理论研究），2017（7）：59-61.

[32] 蒋作明，陈大伟. 高校教师旅游动机与旅游消费行为分析——以江苏和安徽两省部分高校为例[J]. 宿州学院学报，2016，31（4）：40-43.

[33] 杨艳华. 旅游动机与旅游消费行为分析——以安阳市高校

教师为例[J]. 企业经济，2013，32（8）：114-117.

[34] 杨剑，魏雅丽，樊康，税伟. 旅游业发展对劳动力就业转移的影响——以四川省兴文县为例[J]. 安徽农业科学，2009，37（23）：11266-11267+11333.

[35] 刘桂芳. 大学生体育消费动机与体育消费行为管理的研究[J]. 管理观察，2014（24）：140-141.

[36] 王恒利，周文静. 冰雪体育旅游消费者、消费动机、认知与消费行为的分析[J]. 江汉大学学报（自然科学版），2018，46（2）：146-155.

[37] 王恒利，周文静. 女性人群的冰雪体育消费动机[J]. 体育成人教育学刊，2018，34（3）：17-22.

[38] 纪峰. 旅游消费决策过程研究[J]. 现代商贸工业，2018，39（34）：14-15.

[39] 邱扶东. 旅游信息特征对旅游决策影响的实验研究[J]. 心理科学，2007（3）：716-718

[40] 牟海鹰等. 西方关于消费者信息加工的新近研究[J]. 心理学（人民大学复印资料），2001（9）：81-86.

[41] 刘小同. 主题公园旅游消费决策特征及影响因素研究——以广州长隆主题公园为例[J]. 赤峰学院学报（自然科学版），2017（1）：70-72.

[42] 王细芳. 基于心理账户的旅游消费决策机理——以超大城市旅游观演群体为例的研究[J]. 经济管理，2019，41（3）：141-155.

[43] 杨亮. 一种特殊的消费决策——旅游决策行为研究综述[J]. 旅游纵览（下半月），2014（10）：56-57.

[44] 黄莉，丁于思，曹青. 微博对大学生旅游消费决策的影响研究[J]. 吉首大学学报（社会科学版），2017，38（S2）：20-24.

[45] 何贵兵，等. 风险偏好预测中的性别差异和框架效应[J]. 应用心理学，2002，8（4）：19-23

[46] 姚小云，尹华光，吴明姿. 网络游客旅游购买决策影响因素实证分析——以张家界为例[J]. 地理与地理信息科学，2012，28（5）：100-103。

[47] 王红国. 旅游目的地形象的构成要素及其在游客决策中的作用[J]. 当代经济，2013（10）：106-109.

[48] 李莉，张捷. 互联网信息评价对游客信息行为和出游决策的影响研究[J]. 旅游学刊，2013，28（10）：23-29.

[49] 岳贤锋. 旅游期望理论对体育旅游消费动机的影响[J]. 西安体育学院学报，2014，31（6）：679-682.

[50] 郑昌江. 女性旅游消费动因的分析[J]. 商业研究，2002（10）：143-144.

[51] 徐锦雅. 基于皖西学院大学生的旅游消费行为调查研究[J]. 市场周刊（理论研究），2017（7）：59-61。

[52] 吴俊，孙宝鼎，李学琴，等. 当代大学生旅游消费行为探析——以自贡市高校为例[J]. 中国集体经济，2019（3）：18-20.

[53] 张建宏. 农村居民旅游消费特征与制约因素分析——以浙江省为例[J]. 中国农业资源与区划，2003，37（9）：112-116.

[54] 王恒利，周文静. 基于期望理论对冰雪体育旅游消费行为的分析[J]. 湖北第二师范学院学报，2017，34（8）：79-84.

[55] 朱湖英. 非理性旅游消费决策行为的成因分析[J]. 吉首大学学报（自然科学版），2010，31（1）：121-124.

[56] 黄莉，丁于思，曹青. 微博对大学生旅游消费决策的影响研究[J]. 吉首大学学报（社会科学版），2017，38（S2）：20-24.

[57] 翁秋妹，陈章旺. 炫耀性消费理论在旅游产品设计中的应用研究[J]. 旅游研究，2014，6（2）：75-80.

[58] 陈健昌，保继刚. 旅游者的行为研究及其实践意义[J]. 地理研究，1988（3）：44-51.

[59] 吴增玉. 旅游决策研究综述[J]. 经济研究导刊，2014（36）：261-262.

[60] 张欢欢. 河南省乡村旅游游客满意度及其与游后行为意向关系研究[J]. 信阳师范学院学报（自然科学版），2017，30（3）：402-406.

[61] 喻琨，胡红宇，赵晓军，等. 游客对农家乐感知价值与购后行为的衡阳实证研究[J]. 荆楚学刊，2020，21（5）：56-62.

[62] 宝贡敏，胡抚生. 旅游目的地形象对游客购后行为的影响研究——基于来杭日韩游客视角的分析[J]. 旅游学刊，2008（10）：40-46.

[63] 乌铁红，张捷，张宏磊，等. 旅游地属性与旅游者感知态度和购后行为的关系——以九寨沟风景区为例[J]. 旅游学刊，2009，24（5）：36-42.

[64] 吴国清. 都市居民乡村旅游消费决策行为分析——以上海为例[J]. 经济问题探索，2009（9）：159-163.

[65] 赵志峰. 都市历史街区旅游吸引力、旅游体验与购后行为

意愿研究——以重庆瓷器口古镇为例[J]. 重庆第二师范学院学报, 2013, 26（6）: 47-51.

[66] 陈才, 刘艳华, 孙洪娇. 温泉游客旅游决策、旅游体验与购后行为研究——以大连为例[J]. 旅游论坛, 2011, 4（3）: 17-21.

[67] 陈钢华, 奚望. 旅游度假区游客环境恢复性感知对满意度与游后行为意向的影响——以广东南昆山为例[J]. 旅游科学, 2018, 32（4）: 17-30.

[68] 李恒云, 龙江智, 程双双. 基于博物馆情境下的旅游涉入对游客游后行为意向的影响——旅游体验质量的中介作用研究[J]. 北京第二外国语学院学报, 2012, 34（3）: 54-63+53.

[69] 文吉, 曾婷婷. 主题酒店顾客感知服务质量与购后行为的关系研究——基于深圳市主题酒店的实证研究[J]. 人文地理, 2011, 26（4）: 127-131.

[70] 文谨, 宫辉力. 游客对农家乐的感知价值与购后行为关系——以北京农家乐旅游为例[J]. 中国商贸, 2011（14）: 184-185.

[71] 刘力, 吴慧. 旅游动机及其对游客满意和游后行为意向的影响研究——以九华山韩国团体旅游者为例[J]. 旅游论坛, 2010, 3（2）: 147-152.

[72] 杨丽华, 董冰. 休闲农庄游客满意度与购后行为实证研究——以长株潭城市群为例[J]. 中国农学通报, 2012, 28（29）: 310-316.

[73] 吴克祥, 张园园, 蒙小育. 高尔夫球手功能依赖和情感依

恋与购后行为关系研究[J]. 草业科学，2013，30（5）：703-708.

[74] 卞显红. 旅游目的地形象、质量、满意度及其购后行为相互关系研究[J]. 华东经济管理，2005（1）：84-88.

[75] 余志远. 饭店服务质量与消费者购后行为良性互动刍议[J]. 闽江学院学报，2008（1）：90-95+136.

[76] 谌文. 旅游危机对旅游者消费决策过程的影响及应对策略[J]. 企业家天地·理论版，2007（10）：5-6.

[77] 耿聪聪，王平，孟亚军. 酒店动态定价背景下的顾客情绪与购后行为研究——基于在线评论的证据[J]. 旅游研究，2021，13（2）：57-70.

[78] 葛米娜. 基于老年消费者的旅游消费决策模型研究——以武汉市为例[J]. 现代商业，2007（8）：241-242.

[79] 王建明，贺爱忠. 消费者低碳消费行为的心理归因和政策干预路径：一个基于扎根理论的探索性研究[J]. 南开管理评论，2011，14（4）：80-89+99.

[80] 汪涛，周玲，周南，等. 来源国形象是如何形成的？——基于美、印消费者评价和合理性理论视角的扎根研究[J]. 管理世界，2012（3）：113-126.

[81] 靳代平，王新新，姚鹏. 品牌粉丝因何而狂热？——基于内部人视角的扎根研究[J]. 管理世界，2016（9）：102-119.

[82] 陶厚永，李燕萍，骆振心. 山寨模式的形成机理及其对组织创新的启示[J]. 中国软科学，2010（11）：123-135+143.

[83] 李志刚，李国柱. 农业资源型企业技术突破式高成长及其相关理论研究——基于宁夏红公司的扎根方法分析[J]. 科

学管理研究，2008（3）：111-115+120

[84] 范舟行. 试析女性旅游消费动机[J]. 湖北经济学院学报（人文社会科学版），2015，12（5）：43-44.

[85] 蒋作明，陈大伟. 高校教师旅游动机与旅游消费行为分析——以江苏和安徽两省部分高校为例[J]. 宿州学院学报，2016，31（4）：40-43.

[86] 牟海鹰，黄希庭. 西方关于消费者信息加工的新近研究[J]. 心理学动态，2001（2）：186-191.

[87] 王红国，刘国华. 旅游目的地形象的构成要素及其在游客决策中的作用[J]. 当代经济，2013（10）：106-109.

[88] 潘洋刘，曾进，文野，等. 森林康养基地建设适宜性评价指标体系研究[J]. 林业资源管理，2017（5）：101-107.

[89] 李玮娜. 国外经典旅游目的地选择模型述评[J]. 旅游学刊，2011，26（5）：53-62.

[90] 胡珑川. 浅析康养旅游六要素的内涵[J]. 度假旅游，2019（4）：444-445.

[91] 孔令怡，吴江，曹芳东. 环渤海地区沿海城市滨海养生旅游适宜性评价研究[J]. 南京师大学报（自然科学版），2017，40（2）：116-123.

[92] 范格格，林毅，王璐冰，等. 老年人网络使用行为与健康意识的调查研究[J]. 全科护理，2019，17（11）：1390-1392.

[93] 曾锐. 从马斯洛需求理论视角谈中小企业广告策略创新[J]. 商业时代，2012（10）：19-22.

[94] 李静. 基于需求层次理论的高端农产品营销策略分析[J]. 商业经济研究，2015（24）：76-77.

[95] 李明媚. 从马斯洛需求层次理论看旅游服务品质的提高[J]. 中国外资, 2011（20）: 21-23.

[96] 张鸿雁. 需要层次理论在消费需求中的体现[J]. 科学与管理, 2007（6）: 71-72.

[97] 苏丽雅. 旅游经验、旅游动机与行为意向的关系研究[D]. 厦门: 厦门大学, 2014.

[98] 高宏. 基于生活形态的温泉旅游重游者消费行为研究[D]. 长沙: 湖南师范大学, 2010.

[99] PEARCE D G. Tourism today: a geographical analysis[M]. Longman Scientific& Technical, 1987.

[100] SIRAKAYA E, MCLELLAN R W, UYSAL M. Modeling vacation destination decisions: a behavioral approach[M]. The Haworth Press. 1996.

[101] TVERSKY A, KAHNEMAN D. The framing of decisions and the psychology of choice[J]. Science, 1981(211): 453-458.

[102] WARREN J. Epicurus and democritean ethics: an archaeology of Ataraxia, Cambridge[M]. New York : Cambridge University Press, 2002.

[103] HOVLAND C, WEISS W. The influence of source credibility on communication effectiveness[J]. Public opinion quarterly, 1995 (15): 635-650.

[104] CHUNG N H, KOO C M. The use of social media in travel information search[J]. Telematics and informatics, 2015(2).

[105] WALSTER E, ARONSON E, ABRAHAMS D. On increasing

the persuasiveness of a low prestige communicator[J]. Journal of experimental social psychology, 1996(2): 325-342.

[106] PETTY R E, CACIOPPO J T, CHUMAN D S. Central and peripheral routes to advertising effectiveness: the moderating role of involvement[J]. Journal of consumer research, 1983 (10): 138-146.

[107] MOUTINHO L. Consumer behavior in tourism[J]. European journal of marketing, 1978(21).

[108] MCINTOSH A J. Understanding tourist behavior using means — end chain theory[J]. Annals of research, 2005(32).

[109] GALLOWAY G. Sensation seeking and the prediction of attitudes and behaviors of wine tourists[J]. Tourism management, 2008(11).

[110] SMITH M. Baltic, health tourism: uniqueness and commonalities [J]. Scandinavian journal of hospitality and tourism, 2015, 15(4): 357-379.

[111] QUINTELA J A, COSTA C, CORREIA A. Health, wellness and medical tourism — a conceptual approach[J]. Enlightening tourism: a pathmaking journal, 2016, 6(1).

[112] BOWERS H, CHEER J. Yoga tourism: commodification and western embracement of eastern spiritual practice[J]. Tourism management perspectives, 2017, 24: 208-216.

[113] KATO K, PROGANO R N. Spiritual (walking) tourism as a foundation for sustainable destination development: Kumano-

kodo pilgrimage, Wakayama, Japan[J]. Tourism management perspectives. 2017(24).

[114] GITELSON R J, KERSTETTER D. The influence of friends and relatives in travel decision-making[J]. Journal of travel & tourism marketing, 1994, 3(3).

[115] WEBER R. The rhetoric of positivism versus interpretivism: a personal view[J]. MIS Quarterly, 2004, 28(1): iii-xii.

[116] 中西正雄. 消費者行動分析のニュー・フロンティア[M]. 東京：誠文堂新光社，1984.

[117] 胡幼惠. 质性研究——理论、方法及本土女士研究实例[M]. 台北：巨流图书公司. 2005.

[118] 符国群. 消费者行为[M]. 北京：高等教育出版社，2001.

[119] 朗加尔. 国际旅游[M]. 陈淑仁，等，译. 北京：商务印书馆，1995.

[120] 金盛华，等. 当代社会心理学[M]. 北京：北京师范大学出版社，1997.

[121] 卡麦兹. 建构扎根理论：质性研究实践指南[M]. 边国英，译. 重庆：重庆大学出版社. 2009.

[122] KARDES F R. 消费者行为与管理决策[M]. 马龙龙，译. 北京：清华大学出版社，2003.

[123] 陈向明. 质的研究方法和社会科学研究[M]. 北京：教育科学出版社，2000.

[124] 梁宁建. 当代认知心理学上海：上海教育出版社，2003.

[125] 西蒙. 管理决策新科学[M]. 李柱流，等，译. 北京：中国社会科学出版社，1982.

[126] 林德布洛姆. 决策过程[M]. 竺乾威, 等, 译. 上海: 上海译文出版社, 1988.

[127] 所罗门. 消费者行为[M]. 张莹, 等, 译. 北京: 经济科学出版社, 1999.

[128] 斯沃布鲁克, 等. 旅游消费者行为学[M]. 北京: 电子工业出版社. 2004.